FABIAN VOGT

Super, Mann!

Briefe an all die Mannsbilder in uns

Mit Illustrationen von Thees Carstens

Brendow
VERLAG + MEDIEN

Bibliografische Information der Deutschen Nationalbibliothek
Die Deutsche Nationalbibliothek verzeichnet diese Publikation in der Deutschen Nationalbibliografie; detaillierte bibliografische Daten sind im Internet über http://dnb.d-nb.de abrufbar.

ISBN 978-3-86506-455-4

Einbandgestaltung: Brendow Verlag, Moers
Titelgrafik und Innenillustrationen: Thees Carstens
Satz: Brendow PrintMedien, Moers
Druck und Bindung: CPI – Clausen & Bosse, Leck
Printed in Germany

www.brendow-verlag.de

Inhalt

Männer-Fantasien

„Super, Mann!" ist ein Buch für ... Männer. Ihr wisst schon, was ich meine: *echte* Männer! Helden des Alltags! Die Herren von Welt! Die Jäger im Dschungel der Postmoderne! Die Krieger des Lichts! Die Macher im Anzug, im Designerpulli oder im Blaumann! Die Zampanos! Die vor Virilität strotzenden Kerle, die der Gesellschaft lässig zeigen, wo der Hammer hängt und die Post abgeht. Sprich: die ganzen dominanten Testosteron-Bomben, die einfach alles im Griff haben, sei's die Hilti, den Golfschläger, die Aktienkurse oder ihre Frauen ...

... zumindest hat mir das mal einer erzählt. Also: Wie das angeblich abläuft mit dem Mann-Sein. Der Typ war aber nur 1,65 Meter groß und stand – so mein Eindruck – total unter dem Pantoffel seiner äußerst gewichtigen Frau. Da hätte ich wahrscheinlich auch so wirres Zeug von mir gegeben. Puh!

Jungs, mal ehrlich: Es gibt doch keinen Mann, der nicht gern ein echter Mann wäre. Ein forscher Eroberer des Abenteuerlands „Leben". Ist doch so! Wenn wir uns beschreiben müssten und nur zwischen „Mann" oder „Memme" wählen dürften, dann würde ja wohl keiner so bescheuert sein und sich bei „Memme" melden. Nur stellt sich da natürlich schnell die äußerst komplexe Frage: Wer oder was ist ein „echter Mann"? Wisst Ihr's?

Ich wusste es lange nicht und habe deshalb dem Verlag dieses Buch vorgeschlagen, quasi als unterhaltsamen Klärungsprozess. Ja, weil ich die Wahrheit wissen wollte. Die Wahrheit und nichts als die reine Wahrheit.

Denn mal ganz ehrlich: Wie Brad Pitt sehen die meisten von uns ja nicht aus. Leider. Auch an Orlando Bloom und George Clooney kommen wir – zumindest die überwiegende Mehrzahl von uns – unter ästhetischen Gesichtspunkten nicht ran. Statt eines drallen „Sixpacks" á la Schwarzenegger haben wir in der Regel einen ausgeprägten Waschbär-Bauch. Ewig den coolen John Wayne raushängen lassen, ist auch nicht mehr so ganz angesagt. Und ob Til Schweiger, Boris Becker und Dieter Bohlen tatsächlich mannhafte Vorbilder für uns Männer der Zukunft sind, ist nicht nur in den Medien äußerst umstritten. Ja, selbst Bond ... James Bond, die ewig smarte Doppel-Null mit der Lizenz zum Löten, der Frauen-ins-Bett-Locker mit dem unwiderstehlichen Charme des Siegers hat neuerdings massive psychische Probleme, muss sich erst mal selbst finden, fängt am Ende gar an zu flennen und weiß überhaupt nicht mehr so recht, ob Geheim-Agent wirklich so ein Bringer-Job ist. Ich fass es nicht. Da bin ich nicht gerührt, da werde ich geschüttelt.

Sprich: Mit den traditionellen Männerbildern aus Film, Funk und Fernsehen lässt sich die Frage, was ein „echter Mann" ist, nicht ernsthaft und überzeugend beantworten. Jedenfalls nicht mehr. Kurz und gut ... bzw. kurz und schlecht: Das Elend ist groß. Oder anders ausgedrückt:

Mann-Sein erweist sich anscheinend als unfassbar kompliziert. Finde ich jedenfalls. Keine Vorbilder, völlige Verunsicherung und viele verdrehte Vorstellungen.

Dazu kommt noch, dass wir Männer ja seit einigen Jahren auch noch von wilden Amazonen gebetsmühlenartig erzählt bekommen, wir müssten endlich die verborgenen, sanften Seiten in uns entdecken und ausleben. Die einfühlsamen Facetten. Die weiblichen Eigenschaften. Die weichen Charakterzüge: „Wein doch! Lass es raus! Stell dich deinen tiefsten Gefühlen, du zarte Seele." Weil die emotionale Intelligenz angeblich ja nicht nur die kognitive Intelligenz, sondern vor allem die Muckis schlägt.

Viele sagen zwar, das sei vor allem Alice-Schwarzer-Humor, trotzdem setzt diese Forderung den wahren Gentleman in uns ordentlich unter Druck. Denn wir möchten den Frauen ja gefallen. Das bedeutet: Weil wir Männer auch Meister der Anpassung sein wollen, bemühen wir uns mit allen Kräften und mit zunehmender Verzweiflung, den verschiedenen Männerbildern in der Gesellschaft gerecht zu werden. Stark wollen wir sein ... und zugleich schwach. Bestimmend ... und diskussionsfreudig. Kantig ... und flexibel. Durchsetzungsfähig ... und anschmiegsam. Draufgängerisch ... und zurückhaltend. Würdig ... und total humorvoll. Aktiv ... und doch in uns ruhend. Offen ... und so weiter ...

Ja, wir spazieren ernsthaft stundenlang durch stinklangweilige Wälder, obwohl wir es zum Kotzen finden, nur um zu signalisieren: „Schaut her, ihr Frauen, wir sind ja so unfassbar romantisch und naturverbunden." Was für eine Perversion des Mann-Seins! Nebenbei: Dürften wir unterwegs ein Wildschwein mit der bloßen Faust erlegen, sähe die Sache vielleicht anders aus. Dürfen wir aber nicht. Und wer es als Mann in der Boutique vor den Umkleidekabinen wagt, den gefühlten 356. Pullover seiner Begleiterin („Na, wie findest du den hier?") nicht auch noch mit dem Kommentar: „Also, der steht dir wirklich hervorragend" zu versehen, obwohl die Liebste darin aussieht wie eine leicht vergammelte Presswurst, gilt als unsensibel und verroht.

Um es auf den Punkt zu bringen: Der modernde Mann will es allen recht machen. Wirklich allen. Und macht damit eher schlechte Erfahrungen. Aufgerieben zwischen schier endlosen Ansprüchen unterschiedlichster Personen, Institutionen und Vorstellungswelten, hechelt er verwirrt seiner undefinierten Männlichkeit hinterher – ohne sie jemals einzuholen. Wie denn auch? Er weiß ja nicht mal, wem oder was er da eigentlich nachjagt. Wie soll man etwas erreichen, dessen Erscheinungsbild und Position man gar nicht kennt? Oder anders gesagt: „Wie soll ich denn mein Mann-Sein überzeugend leben, wenn ich es nicht definieren kann?" Was für ein trauriges Bild.

Ja, es muss einfach mal gesagt werden – und zwar ohne jede Larmoyanz: Männer haben's echt nicht leicht. Was vor allem daran liegt, dass es heutzutage eben nicht nur einen Anspruch an den Mann gibt – „Sei ein guter Ernährer!" – sondern Dutzende. Jede und jeder hat eine diffuse Vorstellung davon, was einen Mann ausmacht und konfrontiert uns schonungslos mit all diesen radikalen Anforderungen. Ist doch so! Irgendwie sollen wir alles gleichzeitig sein: wunderbare Ehemänner, großartige Väter, fürsorgliche

Söhne, erfolgreiche Geschäftsleute, gute Freunde, fleißige Haushaltsgehilfen, leidenschaftliche „Lover" und glaubensstarke Visionäre. Kein Wunder, dass wir oft nicht mehr wissen, wo uns der Kopf steht.

Höchste Zeit also für eine fröhliche Erkundungsreise: Was ist ein wahrer „Super-Mann"? Tja, wer sagt uns, welche Eigenschaften unser Mann-Sein gesund und stark machen? Und wie können wir gerne und ungehemmt Männer sein und bleiben, ohne dabei oberflächlichen Macho-Klischees auf den Leim zu gehen oder die Menschheit unter unserem Profilierungswahn leiden zu lassen? Das muss doch machbar sein. Himmel hilf!

Nun: Weil solche Selbsterfahrungstrips allzu oft bierernst und ziemlich unentspannt daherkommen, geht es in diesem Buch in erster Linie darum, sich mal unterhaltsam mit den unterschiedlichen Männer-Rollen auseinanderzusetzen, denen wir so gerne genügen wollen. Heiter und gelassen. Das Mann-Sein ist schon herausfordernd genug. Und vielleicht hilft ja gerade ein unverkrampfter Blick auf unsere Rollen, unserer männlichen Sehnsucht Schritt für Schritt auf die Schliche zu kommen. Würde mich freuen, wenn es klappt.

Herzlich
Fabian Vogt

PS: Liebe Frauen, die Ihr dieses Buch in die Hände genommen habt, um endlich zu begreifen, warum Eure Macker sich so verhalten, wie sie es tun, denkt daran: Wenn wir erst echte Männer sind, dann haben wir es nicht mehr nötig, uns als solche aufzuspielen. Ihr solltet diesen Aufklärungsprozess also mit allen Kräften fördern. Und vielleicht seid Ihr ja nach dieser Lektüre etwas gnädiger mit uns. Ganz bestimmt sogar.

Warum ich dieses Buch gerade so geschrieben habe

Ich komme gerne abends nach Hause. Sehr gerne sogar. Nach einem langen Arbeitstag. Der Körper ist matt. Der Geist hat sich wund kommuniziert. Die Seele hängt noch halb auf der Autobahn. Und die Aussicht auf ein süffiges Glas Rotwein in meinem Ohrensessel erscheint mir wie ein Vorgeschmack auf das Paradies.

Doch dann steht meine Frau in der Tür. Wie ein übereifriger Feldwebel. Nicht etwa bösartig. Oder gar mit Nudelholz. O nein. Sie sieht wundervoll aus. In ihrem ausgeleierten Labber-Shirt. Liebenswert und attraktiv. Und ihre Absichten sind ganz rein. Sie möchte mir nur – verantwortungsbewusst, wie sie ist – so etwas wie einen knappen Überblick über das Tagesgeschehen geben ... und meine sich daraus ergebenden Pflichten sanft andeuten. Meist klingt das dann ungefähr so:

Hallo! Gut, dass du endlich da bist! Wurde auch Zeit.
Die Heizung gluckert seit heute Mittag so komisch. Schau doch bitte mal nach. Im Bad wird es gar nicht mehr warm.
Ach ja, deine Mutter war auf dem Anrufbeantworter, sie wartet auf einen Rückruf. Was ganz Dringendes.

Unser Sohn hat vorhin einen riesigen Spiderman aus Pappmaschee und Fango gebastelt, den du dir unbedingt angucken musst. Na, vielleicht soll das Schlamm-Ding auch Dumbledore darstellen. Irgend so ein Fantasy-Wesen eben. Ja, er wartet im Garten auf dich.

Dieses hemmungslose Schluchzen ist übrigens unsere Tochter. Sie versteht Mathe nicht und heult seit über einer Stunde rum. Na, ich versteh's auch nicht. Kümmer du dich bitte. Ihr müsst nur noch die Aufgaben 2 bis 49 machen. Das sollte in knapp einer Stunde erledigt sein. Morgen schreibt sie außerdem eine Arbeit in Biologie. Wiederhole doch bitte mit ihr noch mal alle Grundarten der Quastenflosser und das Paarungsverhalten schlesischer Frettchen.

Ist das Brot, das du mitbringen solltest, in der Tasche? Sag ja nicht, dass du es vergessen hast.

Warte. Richtig, da war noch was: Dein Kollege braucht dringend eine Kopie des Vertragsentwurfs mit Hamburg. Ganz dringend sogar. Na, er sagt: Bis Mitternacht reicht.

Da fällt mir ein: Du bist doch heute dran mit Geschirrspülmaschine ausräumen. Und mit Treppe fegen. Von dem Elektronikschrott, der seit vier Wochen zum Bauhof soll, ganz zu schweigen.

Außerdem fragt Alex, ob du heute Abend mit ihm in den neuen „Hobbit"-Film oder in „Stirb langsam 14" gehen willst. Na, ich glaube ja nicht, dass das gut für dich wäre.

Sag mal, ist dir eigentlich bewusst, dass du in letzter Zeit gar nicht mehr so oft joggen warst? Ich finde, man sieht's auch. Da an den Hüften – und hier im Gesicht.

Was noch? Genau! Hast du, wie besprochen, das Hotel für die Herbstferien gebucht? Da waren ja nur noch sehr wenige Zimmer frei. Und ich will auf jeden Fall Blick zum Meer. Auf jeden Fall!

Außerdem bricht der Kaninchenstall auseinander. Nicht, dass unser Hoppelchen ausbüxt. Mich würd's ja freuen, aber die Kinder wären untröstlich.

Nicht zu vergessen: Der Steuerberater braucht kurzfristig eine umfangreiche Rückmeldung über deine unfassbaren Nebenverdienste als Autor von Männer-Büchern.

Die Nachbarn wollen jetzt doch klagen, wenn unsere Äpfel weiter in ihre Einfahrt plumpsen. Wurde ziemlich laut heute.

Davon mal abgesehen: Es wäre doch total schön, wenn wir zwei mal wieder einen Abend ganz für uns hätten.

Manchmal nimmt mich meine Frau dann noch zärtlich in den Arm, streichelt mir einmal beruhigend über die Wange und flüstert mir ins Ohr: *Du siehst müde aus, mein Schatz. Sehr sogar. Du solltest dringend etwas entspannen. Aber bitte erst, wenn du die ganzen Sachen erledigt hast.*

Und dann kommt er, der schneidende, der einzigartige Satz, der wie ein Damoklesschwert über fast der Hälfte der Menschheit hängt: *Sei ein Mann!*

O ja, das wäre ich gerne. Wenn ich nur endlich wüsste, wie. Wie geht das? Ich sage mal so: Wenn ich meiner Frau glauben soll, dann hat Mann-Sein etwas damit zu tun, dass ich all die Rollen ausfülle, in denen sie mich braucht. Und in denen die Welt mich braucht. Und in denen mich die Gesellschaft Europas so gerne erfolgreich sehen möchte.

Denn: Ist euch das aufgefallen? Innerhalb der zwei Minuten, die der allabendliche Rapport meiner Frau im Schnitt dauert, spricht sie rund 10 bis 12 unterschiedliche Profile an, 10 bis 12 männliche Bewährungsfelder, rund ein Dutzend Herausforderungen, denen ich mich zu stellen habe. Ja, schon bei einem einzigen Nach-Hause-Kommen, wie ich es eben beschrieben habe, wird mir ein ganzes Panoptikum an Typen vorgesetzt, in die ich hineinschlüpfen und deren Zuständigkeiten ich – bitte schön – erledigen darf. Vom Reparateur über den Erzieher. Vom Laufburschen bis zum Organisator. Und vom Kulturfreak bis zum Haushaltsgehilfen. Letztlich bis zum „Retter der Menschheit". Und weil in jedem lässigen Mann von Anbeginn der Welt ohnehin der Wunsch steckt, der „Retter der Menschheit" zu sein, reiben wir uns darin auf, jede dieser Rollen bis zur Perfektion auszufüllen und zu vollenden.

Um es gleich zu Beginn zu sagen: Grundsätzlich habe ich da gar nichts dagegen. Ja, ich merke, dass ich das sogar möchte. Ich möchte gerne den vielfältigen Aufgaben und Anforderungen gerecht werden und Vater, Sohn, Kollege, Freund, Ehemann, Sportler, Glaubender und was weiß ich noch alles sein. Es ist eine unvorstellbare Bandbreite an Wesenszügen, die ich nicht missen möchte – und die das Leben bunt und abwechslungsreich macht. Aber es ist eben auch überaus anstrengend. Zeitraubend, nervenaufreibend und manchmal ziemlich frustrierend.

Deswegen gestehe ich hier offen: Bisweilen schaue ich doch ein wenig neidisch auf meinen Großonkel Hellwig, der sein Leben lang zu Hause keinen Finger krumm gemacht und alles, wirklich alles meiner Großtante Roswitha überlassen hat. Bis heute unvorstellbar, dass Hellwig sich etwa selbst ein Wurstbrot schmiert, ein kühles Bier aus dem Getränkekeller holt, den Rasen mäht oder eine Glühbirne wechselt. Er wüsste wahrscheinlich gar nicht mehr, wie das geht. Wenn er es denn überhaupt je wusste. Sein reizendes Lebensmotto lautet: „Ich hab die Knete heimgebracht, dafür soll Rosi es mir schön machen. Und zwar dalli."

Ich habe meiner Frau dieses bewährte, traditionsreiche und klar strukturierte Beziehungsmodell mal mit einer brillanten Power-Point-Präsentation vorgestellt. Aber sie wollte nicht. So überhaupt gar nicht! Ja, sie war nicht mal bereit, wenigstens darüber nachzudenken. Sehr schade. Andererseits: Wenn ich Hellwig da so bräsig sitzen sehe, wie er seine „Haussklavin" scheucht ... nee, das ist es dann wohl auch nicht. Obwohl ...

Dass das klassische Männerbild in den letzten Jahrzehnten einen umfassenden Wandel erlebt hat und Frauen zu Recht aus dem überlieferten Käfig patriarchaler Strukturen ausgebrochen sind, ist einerseits ein Segen, es stellt uns gebeutelte Männer der Neuzeit aber vor einige Problemchen, die es früher einfach nicht gab: In den erstaunlichen Epochen, in denen nur die Frauen für die Kindererziehung, den Haushalt, die Versorgung der Eltern und die Gestaltung der Kontakte zuständig waren, galt das Territorium der Männer als klarer abgesteckt und vor allem als eindeutig definiert. *Mann* wusste, was man zu tun hat. Heute ist – so zumindest mein Eindruck – die Bandbreite wesentlich größer. Und das hat klar erkennbare Konsequenzen.

Vor allem findet sich der Mann des 21. Jahrhunderts eben in einer (ziemlich unschönen) Zerrissenheit wieder.

Von allen Seiten zerrt und reißt es an ihm. Perfekt soll und will er ja – wie gesagt – nicht nur in einer Rolle sein, sondern, bitte schön, in jeder. Und da sind wir mittendrin im Dilemma. Denn: Wie ich es auch mache, ist es falsch. Kümmere ich mich intensiv darum, im Beruf erfolgreich zu arbeiten, dann vernachlässige ich meist unweigerlich die Kinder. Treibe ich zu viel Sport am Wochenende, dann habe ich keine Zeit, mit meiner Frau essen zu gehen. Sorge ich dafür, dass im Garten alles tipptopp ist, dann leiden meine Freundschaften darunter. Und übernehme ich im Haushalt voller Hingabe immer mehr Aufgaben, dann schauen mich meine Kollegen bald ziemlich mitleidig an.

Es scheint fast, als käme man aus dem ungnädigen Sog der vielfältigen und miteinander konkurrierenden Rollen gar nicht mehr raus. Als könne man nie alle so vollkommen erfüllen, dass man in dem Gesamtkonzept Zufriedenheit findet. Mann-Sein wird deshalb immer mehr zu einer wahren Sisyphos-Aufgabe.

Außerdem führt die Zerrissenheit gleichzeitig dazu, dass man im Normalfall ja vor lauter Trubel gar nicht genügend Zeit hat, den einzelnen Herausforderungen seines Mann-Seins mal etwas konzentrierter und intensiver auf den Grund zu gehen. Die divergierenden Rollen in Ruhe etwas genauer zu betrachten. Nun: Genau das möchte ich in diesem Buch gerne machen, das heißt, in die einzelnen Betätigungs- und Identifikationsfelder des Mannes eintauchen, sodass wir als Männer eine reale Chance haben, mit ihnen produktiv umzugehen und sie bewusst zu gestalten.

Denn natürlich muss ich diese Rollen in meinem Leben – und wahrscheinlich auch in verschiedenen Lebensphasen –

immer gewichten. Ich muss entscheiden, wie viel Raum ich einem bestimmten Zug meines Mann-Seins geben kann, darf und möchte. Und ich muss ernsthaft prüfen, was mir an welcher männlichen Rolle wie wichtig ist. Zu einem solchen Entscheidungsprozess gehört aber, dass ich die Potentiale und Risiken jeder Rolle auch kenne. Je konkreter ich sie mir vor Augen führe, desto aktiver werde ich sie ausfüllen können. Garantiert.

Ich bin der festen Überzeugung: Es ist eine höchst komplexe Herausforderung, dem eigenen Mann-Sein auf die Schliche zu kommen und in dem Wirrwarr der zahllosen Rollen endlich einmal eine überschaubare Grundordnung herzustellen. Ja, das ist – im wahrsten Sinne des Wortes – „was für Männer". Vor allem aber ist es eine bewegende Angelegenheit, für die wir möglichst viele Gedankenanstöße, Inspirationen, Bilder und Ideen brauchen. Es gibt einfach zu wenige Orientierungspunkte, die uns helfen, uns im unübersichtlichen Labyrinth der Geschlechter dauerhaft zurechtzufinden.

Das – nicht weniger, aber auch nicht mehr – will dieses Buch leisten. Es ist kein Ratgeber, kein Selbsthilfebuch, kein Nachschlagewerk und auch kein umfassendes Kompendium maskuliner Verhaltensmuster. Ich bin ja kein Psychologe. Ich möchte mit diesen kleinen „Ausflügen" in die Niederungen männlicher Handlungsfelder einfach Lust machen, die Buntheit der Rollen im Dasein eines Mannes klarer und selbstbewusster wahrzunehmen. Und zwar so, dass wir Mannsbilder etwas gelassener daran gehen können, uns als Männer wohlzufühlen. Fröhlich, entspannt und ... ja, mannhaft.

Trotzdem ist der Umgang mit den verschiedenen Männer-Rollen mehr als nur ein heiteres Gedankenspiel. Viel mehr sogar. Denn die Gestaltung und die Gewichtung solcher Rollen in einem Persönlichkeitsprofil haben ja ganz schnell existenzielle Folgen. So treffe ich zum Beispiel immer öfter auf Männer, die ernsthaft glauben, sie könnten das Glück ihres Lebens dadurch finden, dass sie kurzerhand eine bestimmte Rolle in ihrem Dasein austauschen. Sei es, dass sie einen neuen Job anfangen, sich eine neue Frau suchen oder einem neuen Hobby frönen. Die Hoffnung dahinter klingt dann so: „Wenn ich in einer Rolle meines Lebens einen radikalen Wechsel gestalte, dann wird sich der Rest schon fügen. Dann wird alles gut." Was sich meist sehr bald als Irrtum herausstellt. Oftmals sogar als ziemlich fataler.

Ich werde doch kein neuer Mann, wenn ich die Koordinaten einer einzelnen Rolle verändere. Mag uns das in Midlife-Crisis-Momenten oder an persönlichen Tiefpunkten auch gelegentlich sehr attraktiv erscheinen. Ja, bisweilen haben wir den Eindruck, dass just in dieser oder jener Rolle, die wir ausfüllen sollen, so der Wurm drin ist, dass wir einen Kahlschlag anstreben sollten. Und mancher macht das dann auch. Aber: Wirkliche Lebensveränderungen sind nur da möglich, wo ich das Gesamtsystem meiner Rollen kenne und mich mit meiner kompletten Persönlichkeit auf einen Umgestaltungsprozess einlasse. Diesem Gesamtsystem möchte ich ein wenig nachspüren, indem ich heiter die einzelnen Komponenten durchstöbere und nach den verbindenden Elementen forsche.

Nehmt dieses Buch deshalb einfach als einen fröhlichen Wegbegleiter, der einlädt, immer wieder mal innezuhalten, in dieser oder jener Rolle eine individuelle Standortbestimmung vorzunehmen und – möglicherweise – auch das eigene Wertesystem infrage zu stellen. Das kann zwar gelegentlich bedeuten, dass man Unbequemes aushalten muss – aber Bequemlichkeit hat meines Wissens noch keinen Menschen einen einzigen Schritt vorangebracht. Und wenn wir als Männer wissen, was wir wollen und warum wir so sind, wie wir sind, dann ist intensive Selbsterforschung sicher der beste Weg einer zukunftsweisenden Emanzipation.

Weil ich die Suche nach dem „Super, Mann!" nicht einfach als Abhandlung oder als Konzept oder als allgemeingültige Darstellung gestalten wollte, bin ich auf die Idee mit den Briefen gekommen. Briefe sind ein wunderbares Medium. Anregend. Persönlich. Und vertraulich. Nun: Dieses Buch besteht aus Briefen, die ich Euch ... oder mir ... oder den vielen Rollen in mir und meinen Freunden schon immer mal schreiben wollte. Das hat einen persönlichen und ungezwungenen Charakter. Und lässt sich sicher auch entspannter und anregender lesen als eine theoretische Darstellung.

Ich schreibe diese Briefe quasi als ein Freund, der sich mal auf den einen, mal auf den anderen Zug der männlichen Persönlichkeit konzentriert und dadurch mit ihnen ins Gespräch (oder ins Plaudern) kommt. Der freundschaftliche Zugang ist auch deshalb wichtig, weil ich mich all den unterschiedlichen Anforderungen an das Mann-Sein ja sehr verbunden fühle. Es wäre tragisch, wenn ich eine Facette meines Seins hassen oder verachten würde. Nein, ich mag sie erst einmal. Aber ein guter Freund darf eben auch mal nachhaken, den Finger in eine Wunde legen oder auf Fehlentwicklungen hinweisen. Und dann kommen in der Regel äußerst hilfreiche Prozesse in Gang.

So, und jetzt geht es los ...

Brief an den Träumer

Hallo, großer Visionär!

Ich hoffe, es geht Dir gut. Weißt Du, ich wollte mich ja schon seit Längerem mal bei Dir melden. Tja, und nun ist es soweit. Endlich. Und ... also ... um ehrlich zu sein ... als Freund möchte ich ungern lange um den heißen Brei herumreden. Nimm es mir also bitte nicht übel, wenn ich gleich zur Sache komme. Ich würde nämlich mit Dir am liebsten direkt mal über den Stand Deiner Lebensträume nachdenken.

Warum? Nun, ich nehme ja an, dass Du – wie fast alle Männer – solche verrückten Momente kennst, in denen Du auf einmal unruhig wirst und in denen plötzlich eine ziemlich schillernde Frage im Raum hängt ... wie soll ich das beschreiben ... man hat dann gelegentlich das Gefühl, als ob einem von irgendwoher eine raue Stimme zuflüstert: „Schau Dir Dein Leben doch an! So! Und jetzt sag mir: Ist es wirklich *das*, was Du wolltest?" Manchmal ist die Stimme sogar so laut, dass es wehtut: „Ja, Du Träumer, was ist aus Deinen Träumen geworden?" Tja, was? Träumst du noch – oder lebst du nur? Und was machst Du mit Deinen Träumen, wenn Du sie denn hast?

Meist tut sich dahinter gleich eine gigantische Palette ähnlicher unschöner Anfragen auf: Ist meine Existenz wenigstens annähernd so, wie ich sie mir ursprünglich mal vorgestellt habe? Oder nicht? Was ist aus all den farbenfrohen Erwartungen und Hoffnungen geworden, mit denen ich in meiner Jugend gestartet bin? Und: Habe ich wirklich das Beste aus mir gemacht – oder bin ich weit unter meinen Möglichkeiten geblieben? Wie sieht es aus: Hätte mein Leben auch ganz anders ablaufen können? Viel schöner vielleicht? Erfüllter? Entspannter? Und: Hat der Typ in meinem Rasier-Spiegel irgendwas mit meinem Ideal von einem „erfolgreichen" Mann zu tun?

Tja, und mit einem Mal wird einem klar, wie viele existenzielle Entscheidungen man schon getroffen hat. Für einen bestimmten Beruf. Für einen bestimmten Arbeitgeber. Für eine Partnerin. Für ein Land. Für einen Wohnort. Für ein Lebensmodell. Für eine Automarke. Für ein Rasierwasser. Für ein Hobby. Und für einen Kleidungsstil. Beunruhigend dabei ist: Jede dieser Entscheidungen war eine Weichenstellung. Und wäre die Weiche anders gestellt gewesen, dann wäre unser „Zug des Lebens" wahrscheinlich ganz woanders hingefahren. Möglicherweise ins Paradies. Oder auch nicht!

Manchmal driften die Gedanken dann richtig ab. Ungefähr so: „Wenn ich damals diese eine Entscheidung anders gefällt hätte, dann besäße ich jetzt wahrscheinlich eine Surfschule auf Bora Bora mit der unfassbar süßen Rothaarigen aus der Nachbarklasse, die ich aus lauter Unsicherheit leider niemals angesprochen habe – obwohl meine Freunde mir versichert haben, sie wäre ungemein an mir interessiert. Wir lägen jeden Abend mit Cocktails am Strand, hätten grandiosen Sex unter einem schier endlosen Sternenhimmel und wären einfach nur glücklich." Ich bin sicher, dass Du solche verführerischen Gedankenspiele auch kennst. Es wäre seltsam, wenn nicht. Das sind nun mal die wilden „Was-wäre-wenn"-Fantasien, die sich ab und an in unseren Kopf schleichen.

Besonders unangenehm wird das Eintauchen in derartige „Lebensalternativen" übrigens, wenn man irgendwann im Laufe seines Entwicklungsprozesses zwischen zwei beinah gleichwertigen Optionen entscheiden musste. Ich denke da etwa an den begabten Musiker, der sich auf Anraten seiner Eltern – die es wirklich nur gut mit ihm meinten – dann doch für eine „anständige" Ausbildung entschieden hat. Oder an den Berufseinsteiger, der statt beim quirligen und kreativen Start-Up-Unternehmen lieber beim Branchenriesen unterschrieben hat. Weil das fürs Renommee besser schien. Oder an den Großstädter, der sich in stillen Stunden immer noch fragt, ob er nicht doch diese romantische Hofreite im grünen Hinterland hätte sanieren sollen, die ihm ein Bekannter damals für einen Spottpreis angeboten hat. Was wäre, wenn ... Diese Frage schickt unsere Gedanken auf Reisen. Bisweilen auf verführerische Reisen. Ganz anders könnte man leben ...

Nebenbei: Nicht in jedem Leben gibt es solche extremen Alternativen, aber wenn Du Deinen Lebenslauf anschaust, entdeckst Du garantiert auch überall potenzielle „Abzweigungen und Alternativrouten", die Du hättest nehmen können. Und dass Du sie – aus welchen Gründen auch immer – nicht gewählt hast, wird Dir gerade in schwierigen und unklaren Zeiten Deiner Biografie schmerzhaft bewusst werden. Natürlich kannst Du nie sagen, ob die anderen Strecken tatsächlich in ein stimmigeres Dasein geführt hätten, aber wenn wir mit dem Ist-Zustand unzufrieden sind, wächst verständlicherweise die vermeintliche Attraktion der „Alternativen". Und plötzlich fragst Du Dich: Was hätte ich anders machen *können*? Oder hätte ich sogar etwas anders machen *müssen*?

Brisant an diesen Fragen ist vor allem, dass Du ja nicht alle Entscheidungen völlig autark und selbstbestimmt gefällt hast. In den meisten Fällen gibt und gab es zahlreiche äußere Faktoren, die uns beeinflusst haben: Freunde, Gegebenheiten, Kontakte, Zufälle, Bequemlichkeit, miserables Wetter, eine grässliche Grippe und vieles mehr. Ja, oftmals erschien uns bloß der eine Weg „einfacher" oder „sicherer" als der andere. Mit einem BWL-Studium hat man nun mal ein klareres Berufsbild als mit „Kunstgeschichte" oder „Ökotrophologie". Nur kann es dann auch passieren, dass man nach zwanzig Berufsjahren enttäuscht feststellt, dass der ach so „sichere" Beruf zwar gut bezahlt, aber leider nicht besonders erfüllend ist. (Womit ich überhaupt nichts gegen BWL sagen will. Wirklich nicht! Ich liebe BWLer. Sind ja auch Menschen.)

Jetzt denkst Du möglicherweise: „Hey, wenn ich solche Zweifel nicht kenne, bzw. wenn keine Sehnsüchte an mir nagen, dann ist ja alles in Ordnung." Da kann ich nur sagen: Vorsicht! Möglicherweise machst Du Dir was vor. Kein Lebenslauf ist so gradlinig, dass darin nicht auch noch eine andere verlockende Variante denkbar wäre. Und es ist etwas ganz Natürliches, sich diese Möglichkeiten auch hin und wieder vor Augen zu führen: „Was wäre, wenn ..."

Ja, mehr noch: Wenn ein Leben letztlich so etwas wie die „Summe unserer Entscheidungen" ist, dann sollten wir diese Entscheidungen auch ernst nehmen. Sehr ernst sogar. Und das können wir nur, wenn wir die Alternativen genau kennen und geprüft haben. Nur wenn wir sorgfältig betrachten, welche verschiedenen Möglichkeiten wir überhaupt haben oder gehabt hätten, können wir mündig und begründet wählen – und letztlich zu unseren Entscheidungen auch aus ganzem Herzen „Ja" sagen. Und wer beim achten Bier leutselig gesteht: „Och, ich hab das Mädel damals geheiratet, weil grad keine andere da war!", der hat letztlich nicht wirklich gewählt, sondern einfach das Naheliegende geschehen lassen. Das heißt: Erst, wenn ich verschiedene Optionen geprüft habe, ist eine Entscheidung eine echte Entscheidung.

Die Erfahrung lehrt jedenfalls: Wenn wir die verschiedenen Möglichkeiten bei unserer Wahl nicht vor Augen hatten und einen bestimmten Weg nicht ganz bewusst gegangen sind, dann holt uns dieses Versäumnis irgendwann ein. Dann kann die Frage „Führe ich das Leben, das ich mir erträumt habe?" schnell auch krank machende Züge annehmen und in die berühmte Midlife-Crisis führen.

Dann erscheinen die möglichen Alternativen, die ich – aus welchen Gründen auch immer – bislang nicht auf dem Schirm hatte, auf einmal so betörend, dass manche Männer bereit sind, dafür ihre gesamte Vergangenheit zu verdammen – und gegebenenfalls auch abzustoßen, was manchmal tatsächlich helfen kann, verfahrene Lebensmuster aufzubrechen. Meist werden dabei aber nur oberflächliche Symptome behandelt, ohne dass den Ursachen auf den Grund gegangen würde. Deshalb ist das mit den Lebensträumen so ein relevantes Thema.

Also: Wie sieht es aus mit Deinen Lebensträumen? Lebst Du sie? Oder ist die Realität viel kleiner als all das, was Du erreichen wolltest? Tut die Diskrepanz weh? Helfen Dir Deine Lebensträume, Deinem Dasein eine Struktur zu verleihen? Hier ein paar Anregungen:

1. Träume sind Kraftquellen. Das ist erst einmal großartig. Und darum solltest Du auch niemals aufhören zu träumen. Denn wenn Du Deine Träume nicht wahrnimmst, dann verkümmern sie nach und nach. Und damit ein Teil von Dir. Darum bringt es auch nichts, seine Träume immer wieder auf die lange Bank zu schieben. Natürlich kann man sich vornehmen: „Meinen Lebenstraum – die große Weltreise, die Overland-Safari, den Tauchgang auf den Hybriden, den Einsatz als Stuntman, die freiberufliche Karriere – den erfülle ich mir nach der Pensionierung."
   Aber erstens weiß niemand, wie es ihm nach der Pensionierung körperlich und mental geht, und zweitens ist beispielsweise eine Weltreise mit 30 Jahren etwas anderes als eine mit 67 Jahren. Außerdem: So mancher, der sich lange damit beruhigt hat, dass er für seine Träume ja noch viel Zeit hat, ist mit 50 Jahren tot umgefallen – und dann stand auf seinem Grabstein in breiten

Buchstaben: „Er wäre so gerne mal nach Australien ins Outback geflogen." Die richtige Zeit für Träume ist immer *jetzt.* Dabei darfst Du allerdings nie die eigentliche Funktion von Träumen vergessen:

2. Träume sind Wegweiser. Sie verweisen zuallererst auf starke Wesenszüge in Deiner Persönlichkeit. Und die gilt es vordringlich wahrzunehmen. Also: „Was sagen Deine Träume über Dich aus, über Deinen Charakter und Deine Sehnsüchte?" Das gilt es zu klären. Weil kein Mann glücklich werden kann, der Teile von sich selbst verdrängt. Und das wiederum bedeutet: Manchmal ist es wichtiger, Lebensträume zu haben, als sie in einer konkreten Form umzusetzen. Weil sie uns intensiv helfen, uns selbst zu verstehen. Auch die Illusionen. Lebensträume sind wegweisend. Trotzdem hat man mit 18 Jahren in der Regel noch keine Vorstellung von der Komplexität des Daseins. Und manches junge Paar, das sein erstes Kind bekommt, stellt verwundert fest, dass der 24-Stunden-Betreuungs-Service eines brüllenden Säuglings mit dem vorher gepflegten Partyleben gar nicht so leicht vereinbar ist. Sprich: Natürlich führt jede Entscheidung (etwa die für eine Familie oder für einen Wohnort) zu Kompromissen. Ja, zu selbst gewählten Abstrichen von ersehnten Lebenszielen. Zumindest in einer bestimmten Lebensphase.
   Und dann ist es entscheidend, nicht nur ärgerlich zu fragen: „Was fehlt Dir?" sondern vor allem zu sehen: „Was hast Du? Wofür hast Du Dich entschieden?" Wel-

che Facetten Deiner Lebensträume konntest Du Dir erfüllen, auch, wenn sie möglicherweise andere Ideale begrenzen? Jede Entscheidung für etwas ist zugleich eine Entscheidung gegen etwas. Und diesen Schmerz gilt es manchmal einfach auszuhalten.

3. Träume sind Aufforderungen. Sie motivieren uns, mit uns selbst im Gespräch zu bleiben. Das Spannende daran ist jedoch: Ich kann zu einem Ziel auch sehr bewusst „Nein" sagen. Und die Kernfrage wird irgendwann lauten: Hängt der „Erfolg" Deines Lebens für Dich von der Erfüllung Deiner Lebensträume ab? Interessante Frage, oder? Hängt der „Erfolg" Deines Lebens von der Erfüllung Deiner Lebensträume ab? Nur: Wenn dem so ist, bist Du ohnehin zum Scheitern verurteilt. Denn mal unter uns: Wem gelingt es schon, alle seine Träume zu verwirklichen? Ja, man kann sogar frech fragen: Wäre das wirklich wünschenswert? Ein Leben, in dem es keine Lebensträume mehr gibt? Wohl eher nicht.
   Wenn der „Wert" Deines Daseins aber nicht von Umsetzung ganz konkreter Träume bestimmt werden darf, dann gilt es, den Träumen auch den ihnen zustehenden Platz zuzuweisen: Sie dürfen Dich unterstützen, leidenschaftlich sogar, als Anreger und Leitlinien, als Motivatoren und Prüfsteine – aber sie dürfen nicht in einer Form Macht über Dich gewinnen, die etwas in Dir (oder gar um Dich herum) zerstört.
   Wenn das gelingt, dann sind Lebensträume wie Leuchttürme: Sie weisen den Weg – aber manchmal

stehen sie eben auch auf dem Riff, dem Du ausweichen sollst. Lebensträume bringen Dich – hoffentlich – auf einen guten Kurs. Viel entscheidender ist aber die Frage: Ist das Schiff seetüchtig und die Mannschaft fit?

Nebenbei: Die Frage „Lebe ich das Leben, das ich mir erträumt habe?" ist ziemlich egozentrisch. Schließlich geht es darin ausschließlich um Dich. Deshalb ist sie trotzdem legitim, aber wenn wir schon beim Thema „Lebensträume" sind, sollten wir nicht vergessen, dass viele Männer in ihrer Jugend tatsächlich noch von viel mehr geträumt haben, nämlich davon, „die Welt zu retten".

Ja, sie haben als junge Heißsporne radikale Träume, die weit über die persönliche Entwicklung hinausgehen. Sie möchten etwas Bedeutendes für die Gesellschaft tun, für Gerechtigkeit, Freiheit und die Zukunft der Erde. Sie engagieren sich in Umwelt-Gruppen, demonstrieren für den Frieden, setzen sich für fairere Lebensbedingungen ein und beweisen Zivilcourage. Wie war das bei Dir? Erinnerst Du Dich noch an die Zeiten, in denen Du die Welt verändern wolltest? Oder willst Du es immer noch?

Wenn ja, dann bist Du eher eine Ausnahme. Denn leider sind es oftmals diese höheren „Lebensträume", die als allererste flöten gehen. Und das ist tragisch, weil dadurch der Horizont der Träumenden ganz klein wird. Wer nur noch ängstlich fragt, wie er sein kleines, individuelles Heil erreichen kann, der wird es schon deshalb nicht schaffen, ein stimmiges Leben zu führen, weil nun mal jeder Mann

Teil von größeren Zusammenhängen ist. Und diese Zusammenhänge darf man nicht ignorieren.

Ja, ich behaupte sogar: Glücklich wird man nie unabhängig von der Gesellschaft, in der man lebt, sondern nur in ihr und mit ihr. Darum ist es so grundlegend, dass Du Dir klarmachst, in welchen Dimensionen Du träumst. Geht es Dir nur um Deine privaten Begierden? Oder fragst Du nach dem, was eurer Partnerschaft, Deiner Familie, Deiner Gemeinde, Deinem Land oder Deiner Erde guttäte? Um es auf den Punkt zu bringen: Je stärker in Deinen Träumen die Verantwortung für andere eine Rolle spielt, desto weiser bist Du. *(Siehe dazu: Brief an den Kulturfreak)*

Natürlich darfst Du Dich dabei nicht vor lauter Altruismus selbst verlieren, aber andersherum geht es eben auch nicht. Persönliche Lebensträume müssen immer vernetzt sein mit den großen Systemen, in denen Du existierst. Zugegeben: Das ist bisweilen ungeheuer kompliziert. Aber erst ein Mann, der die Folgen seines Handelns für andere im Blick hat, kann dann auch beobachten, ob seine Träume für ihn selbst dauerhaft Segen stiften oder nicht.

Insofern wünsche ich Dir, dass Du ein großer Visionär wirst oder bleibst. Einer, der die Folgen seiner Visionen im Blick hat und sich von den „Was wäre, wenn"-Träumen nicht beirren, sondern inspirieren lässt. Denn wer weiß: Vielleicht wagst Du es ja demnächst, den einen oder andern Lebenswunsch intensiver in den Blick zu nehmen. Dann tue es. Nicht aus Verzweiflung, sondern mit dem liebevollen Blick für das, was Dir und der Welt guttut.

Brief an den Ängstlichen

Hallo, wilder Zweifler!

Da bin ich wieder. Und sorry, dass es gleich am Anfang meiner Briefe so zur Sache geht. Aber manchmal muss das eben sein. Also: Gerade haben wir uns mit den Fragen der Lebensträume beschäftigt – und jetzt würde ich gerne mit Dir ein wenig über Ängste nachdenken. Deine Ängste. Mann o Mann!

Ja, stimmt. Das ist kein leichtes Thema. Gerade für uns Männer. Weil es noch immer zu den scheinbar absoluten Tabus einer coolen Macho-Gesellschaft gehört, über seine Sorgen und Nöte zu reden. „Hey, so was macht man nicht, kapiert?" Das klingt viel zu sehr nach Weichei und Selbsthilfegruppe: „Hallo, ich bin der Jürgen. Und ich bin ein anonymer Schisser!" Uahh ...

Nur: Dass man über etwas nicht redet, verändert leider nichts. Schon gar nicht die Realität. Auch wenn wir diesem bescheuerten Irrtum immer wieder unterliegen. Ja, wir glauben in unserer Naivität:

- „Wenn ich nicht über den Tod rede, dann werde ich ganz bestimmt nicht sterben."
- „Wenn ich meine Eheprobleme nicht anspreche, dann lösen sie sich garantiert von selbst."

- „Wenn ich meinem Chef nicht sage, dass ich kurz vor dem Burn-out stehe, dann tue ich der Firma einen Riesengefallen."
- „Wenn ich nicht wahrhabe, dass mein Fußballverein auf dem letzten Tabellenplatz steht, dann wird er garantiert nicht absteigen."

So ein Unfug! Wie kann man sich nur so in die Tasche lügen? *Mann* kann!

Das Erstaunliche ist: Obwohl wir alle wissen, dass es nichts hilft, heikle Themen zu verschweigen, tappen wir alle immer wieder in diese Falle. Wir bilden uns dann ernsthaft ein: „Worüber ich nicht spreche, das gibt es nicht." Hä? Ja, so sind wir Männer! Seltsam, oder? Natürlich kann ich bestimmte Themen totschweigen, aber dadurch werden sie doch meist im Untergrund nur umso einflussreicher und mächtiger. Ich würde sogar behaupten: Manche Dinge bestimmen unser Leben gerade deshalb so sehr, weil wir uns ihnen nicht stellen wollen. Sie zerfressen uns quasi von innen heraus – aus den finsteren Winkeln unserer Seele, in die wir sie unbedingt verbannen wollten. Sie kommen zurück – als furchterregende Guerilla-Kämpfer. Eiskalt und unberechenbar.

Darum ist es so absurd, wenn zum Mann-Sein angeblich immer noch die Aura des „Ritters ohne Furcht und Tadel" gehört. So ist die Welt noch nie gewesen. Oder kennst Du einen Mann, der keine Ängste hätte? Ich nicht. Aber ich kenne unendlich viele „harte" Jungs, die ernsthaft denken, man dürfe – um es mit Star-Trek-Begriffen zu sagen – seine Schutzschilde nicht herunterfahren. „Über Ängste redet man nicht. Basta." Nun, sagen wir doch mal offen, wie es in Wirklichkeit ist: Nur Angsthasen reden nicht über ihre Ängste.

Ich bin der festen Überzeugung, dass es Dir guttut, Dich mit dem Ängstlichen in Dir auseinanderzusetzen. Mit dem Mann, der allzu oft Sorge hat, nicht gut genug zu sein, der fürchtet zu versagen, der die ganze Zeit den Druck empfindet, ein guter „Verdiener" zu sein, mit dem unsicheren Zeitgenossen, der die Verantwortung für den „Lebensstandard" der Familie und das noch nicht abbezahlte Haus wie ein schweres Joch auf seinen Schultern fühlt und sich den nicht enden wollenden Herausforderungen des Alltags oftmals einfach nicht gewachsen fühlt. Kennst Du diesen Mann in Dir? Wenn ja, dann lass uns überlegen, wie wir ihn unterstützen können. Wenn nein, dann solltest Du ihn schleunigst kennenlernen. Denn er ist da. Glaub mir: Er ist ein Teil von Dir. Ob Dir das gefällt oder nicht.

Das Verrückte dabei ist, dass Du in Dir Persönlichkeitsanteile voller Angst hast, das willst Du ja nicht nur vor den anderen, sondern auch vor Dir selbst verbergen. Darum entwickelst Du – wie alle anderen Männer – ziemlich kluge Mechanismen, um Dich den Sorgen nicht stellen zu müssen? Witzigerweise nimmst Du viele dieser Schutzmechanismen bei Dritten sehr kritisch wahr, nur bei Dir selbst klingen sie ganz überzeugend. Hier ein paar Beispiele:

- „Dass etwas im meinem Leben nicht klappt, daran sind nur die Umstände schuld."

- „Mir werden andauernd von irgendwelchen Leuten Steine in den Weg gelegt."
- „Wenn ich nur so könnte, wie ich wollte, dann wäre alles ganz einfach."
- „Ich hatte es schon immer viel schwerer als alle anderen. Darum läuft es nicht so."

Die Ängste vor dem Leben sind die ganze Zeit in uns, aber wir reden uns cool ein, äußere Faktoren wären dafür zuständig, dass wir nicht alles im Griff haben. Weil wir uns davor fürchten, uns selbst infrage zu stellen. Eigentlich bescheuert. Denn es ist ja gar keine Schande, der eigenen Begrenztheit mal Ausdruck zu verleihen. Natürlich bist Du nicht perfekt. Kein Mann ist es. Und der Einzige, der sich das nicht eingestehen will, bist Du selbst. Wie schade, denn damit verleugnest Du zugleich einen äußerst wichtigen Teil Deiner Persönlichkeit. Ja, der Ängstliche gehört doch auch zu Dir.

Mich würde interessieren: Hast Du Dich schon einmal hingesetzt und aufgeschrieben, was Dir im Leben Angst macht? Was Dich bedrückt und bedrängt? Was Dich manchmal nicht schlafen lässt? Das solltest Du mal machen. Es hilft. Weil es Dir wesentliche Charakterzüge Deines Wesens offenbart. Aber nicht nur das: Eine Angst, die man benannt hat, verliert auch augenblicklich ganz viel von ihrer Kraft. Wirklich. Es gibt dazu eine berühmte Geschichte, in der Jesus einem Mann begegnet, der von einem Dämon besessen ist. Und was macht Jesus? Ganz einfach: Er fragt den bösen Geist als Allererstes: „Wie heißt du?" Weil etwas, das einen Namen hat und mit dem wir uns offen auseinandersetzen können, lange nicht so furchterregend ist, wie das, was im Halbdunkel unserer Gedanken umherschleicht. Frage also Deine Ängste: „Wie heißt ihr?" Nimm ihnen die Möglichkeit, sich im Geheimen zu Gruselwesen zu entwickeln.

Ich weiß natürlich nicht, welche Ängste Du auf Deinem Zettel notieren würdest, aber ich nehme mal stark an, dass dahinter – wie bei fast allen Männern – zwei Urängste erkennbar würden. Die eine ist die furchtbare Angst, nicht gut genug zu sein, die andere die damit verbundene Sorge, den unzähligen Anforderungen, die von allen Seiten an uns zerren, nicht gewachsen zu sein.

„Ich kann das nicht!" und „Ich schaff das nicht!" stehen für die zwei großen Angst-Ungetüme, die uns Männern regelmäßig zu schaffen machen. Wir möchten doch so gerne alles im Griff haben und alles hinbekommen – und entdecken an vielen Stellen, dass uns die Aufgaben trotz besten Willens über den Kopf wachsen: „Was ist, wenn ich es nicht hinbekomme? Zum Beispiel, weil ich so erschöpft bin und andauernd an meine Grenzen stoße?"

Diese Sorgen sind verständlich: Einerseits fürchten wir uns vor den vielen möglichen Folgen des Versagens – eine Kündigung, die Aufgabe bestimmter Luxusgüter oder einen massiven Ansehensverlust – viel gravierender ist aber sicherlich die tief sitzende Angst, man könne uns nicht mehr lieb haben. Ja, was ist, wenn man mich nicht mehr schätzt und achtet? Als Kollegen, als Ehemann, als Vater? Was ist, wenn Du den Erwartungen nicht entsprichst und fallen gelassen wirst wie eine heiße Kartoffel?

Wir leben alle von der Anerkennung, und wenn wir befürchten, diese Anerkennung zu verlieren, flößt uns das schreckliche Angst ein. Eine so große Angst, dass wir lieber die Wirklichkeit verbiegen, dass wir bereit sind, anderen zu schaden, oder dass wir uns selbst ausbeuten, um nur ja niemals in diese Situation kommen zu müssen.

Allerdings ist das natürlich ein sehr brisanter Zustand. Solange ein Mann fortwährend das Gefühl hat, er müsse sich die Anerkennung seiner Umwelt verdienen, bzw. er bekäme sie nur für entsprechende Leistungen – so lange wird er auch unter Strom stehen und sich selbst verrückt machen. Und so lange wird er auch voller Sorge sein, er könne irgendwann den Erwartungen seiner „Anerkennungsspender" nicht mehr genügen. Sprich: Der Dauerstress ist programmiert. Solange das Spiel „Anerkennung gegen Erfolg" heißt, bleibst Du ein Abhängiger Deines Outputs. So lange darfst Du Dir keine Fehler, keine Krankheiten, keine Freiheiten und keine Freizeit gönnen. Ein fataler Denkfehler, den wir aber alle begehen.

Erich Fromm hat in seinem Buch „Haben oder Sein" klug ausgeführt, dass es letztlich nur zwei Arten gibt, wie man sich mit der Wirklichkeit auseinandersetzen kann. Entweder man definiert sich über das, was man *hat* – oder man definiert sich über das, was man *ist*. Natürlich weist er mit Nachdruck darauf hin, dass wir versuchen sollten, uns nicht mehr über das „Haben", sondern über das „Sein" zu definieren. Und da sind wir beim Kern der Sache. Letztlich funktioniert unser Streben nach Anerkennung nämlich ausschließlich nach den Regeln des „Habens".

Du willst etwas bekommen, nämlich Anerkennung! Du bestimmst Deinen Wert über die Rückmeldungen Deiner Umwelt. Und je mehr Anerkennung Du bekommst, desto besser fühlst Du Dich. Vermeintlich jedenfalls. Und immer nur für einen Moment. Weil das Haben-Muster ja niemals aufhört. Weil wir nie an den Punkt kommen, an dem wir glauben, so viel zu haben, dass es genügt. Das Haben-Muster ist ein Kreislauf des Begehrens, der kein Ende kennt.

Entscheidend im Umgang mit unseren Ängsten ist deshalb die Arbeit an unserem Sein. Und so wie unsere Partnerin und unsere guten Freunde hoffentlich auch dann zu uns stehen, wenn es im Job mal nicht so gut läuft, sollten wir das auch selbst tun: Wir sollten lernen, zu uns zu stehen. Unabhängig von der aktuellen Bilanz unseres Handelns. Und wir sollten froh über uns sein, selbst wenn gerade vieles schiefgeht.

Die mittelalterlichen Mystiker haben für diesen Zustand einen wunderbaren Begriff erfunden, den ich über alles liebe. Er heißt: Gelassenheit. Ja: Gelassenheit. Was für ein herrliches Wort! Und gemeint ist damit: Ein Mann, der in sich ruht und seinen Wert nicht über sein „Haben", sondern über sein „Sein" erhält, der kann das Leben *gelassen* angehen. Trotzdem wird er nicht weniger aktiv an die Gestaltung seiner Aufgaben herangehen, im Gegenteil: Er kann ohne die Bremse des „Was ist, wenn es schiefgeht?" leben, und er wird vom Erfolg oder Misserfolg eines Unternehmens nicht auf seinen Wert schließen. Und das ist eine echte Gnade. Ein heilvoller Zustand.

Natürlich zogen die Mystiker ihre Kraft dabei vor allem aus ihrem Glauben. Sie waren der festen Überzeugung: Dass Gott uns liebt, dass er für mich und für Dich Mensch geworden ist, das macht unsere Existenz schon derart wertvoll, dass äußere Kriterien dagegen relativ unbedeutend werden. Ja, die Mystiker waren leidenschaftliche Menschen, aber sie bezogen ihre Stärke nicht aus irdischen Erfolgserlebnissen, sondern aus der Liebe Gottes. Oder, um es ein wenig poetischer zu sagen: Wenn der Schöpfer des Himmels und der Erde mich für wertvoll hält, ist das wichtiger als jede Anerkennung von Menschen.

Deshalb solltest Du Dich bei der Auseinandersetzung mit Deinen Ängsten weniger fragen, was Du an materiellen Dingen gewinnen oder verlieren kannst, sondern prüfen, ob Dein Lebensfundament so stark ist, dass es allen äußeren Stürmen trotzen könnte. Weil dann die Ängste ganz schnell ihre Macht verlieren. Verstehst Du jetzt, warum mir das Thema „Ängste" so wichtig ist? Weil es etwas darüber aussagt, was uns im Innersten Halt gibt. Hier sind übrigens noch ein paar ganz konkrete Anregungen für den Umgang mit der Angst:

1. Nimm Dir regelmäßig Zeit, vor Dir selbst, aber auch vor und mit anderen, über Deine Befürchtungen und Sorgen zu reden. Weil der offene Umgang damit auf jeden Fall besser ist, als eine wie auch immer geartete Form der Verdrängung. Wer seine Ängste unterdrückt, der lebt nämlich letztlich in einer Art Scheinwelt, weil er grundlegende Bausteine seines Daseins ausblendet. Das

mag nach außen hin auch eine Zeit lang funktionieren, es bringt aber eine dauerhafte Ebene der Falschheit in Dein Handeln, eine Ebene des Ausgeschlossenen, die dazu führt, dass Du nie in einem ganzheitlichen Sinn heil werden kannst. Und ich befürchte: Solange Du das Lebendige in Dir durch etwas Mechanisches wie eine verborgene Angststruktur belastest, wirst Du immer ein Unbehagen empfinden.

2. Mach Dir bewusst, dass unterdrückte Ängste Konsequenzen haben. Schließlich bringen sie eine schmerzhafte Unehrlichkeit in unser Mann-Sein. Warum? Nun, wer sich seinen Ängsten nicht stellt, der ist andauernd gezwungen, vor sich selbst und vor seiner Umwelt seine Angst auf unterschiedlichste Art zu überspielen. Und es ist kein Zufall, dass eigentlich die meisten männlichen Unarten – Aggression, Brutalität, Unbelehrbarkeit – auf unterdrückte Ängste zurückgeführt werden. Weil wir Männer uns die Furcht nicht eingestehen wollen, überspielen wir sie mit abstoßenden Formen der Machtausübung: „Seht her, wie stark ich bin. Wer so stark ist, der hat doch keine Angst." Nur ist es in Wirklichkeit genau andersherum: „Wer keine Angst hat, der hat es nicht nötig, andere klein zu halten."

3. Erstaunlicherweise geistert in unseren Köpfen immer noch ein Ideal herum, das uns das Leben richtig schwer macht. Dieses Ideal lautet: „In einem gelun-

genen Leben läuft alles gut." Ich habe keine Ahnung, wer diese verkorkste Theorie in die Welt gesetzt hat, aber sie steht weder in der Bibel, noch in sonst einem guten Buch. Und trotzdem leben wir alle danach. Ja, wir sind der Überzeugung, dass wir einen Weg gehen sollten, der gradlinig nach oben führt, von einem Erfolg zum nächsten. Nur hat uns das nie einer versprochen. Wie gesagt: auch Gott nicht. In jedem Lebenslauf gibt es Hochs und Tiefs, traumhafte Erfahrungen und schmerzvolle Erlebnisse. Und manche Menschen behaupten sogar, dass gerade die harten Momente ihnen etwas von den Geheimnissen des Lebens offenbart haben. Nur: Wenn dem so ist, wenn das Leben weder als Dauerparty gedacht war, noch sinnvoll wäre, dann können wir vielleicht etwas entspannter akzeptieren, dass selbst der perfekteste Mann bisweilen ins Stolpern gerät. Das ist nicht tragisch, das ist nur menschlich.

4. Männer tun sich mit ihren Ängsten auch deshalb so schwer, weil sie ja irgendwie – ich habe es schon angedeutet – doch alle denken, sie müssten die Welt retten. Ich habe in einer Klinik Männer gesehen, die hatten gerade ihren dritten Herzinfarkt, saßen im Krankenzimmer vor ihrem Laptop und sagten: „Der Arzt meinte, ich dürfte nichts machen. Aber wenn ich nicht mehr für meine Firma da bin, dann bricht doch alles zusammen." Was für ein Angstsyndrom! Und was für ein perverses Gefühl: Wenn ich nicht da bin, bricht alles zusammen. Darauf gibt es nur zwei Antworten. Erstens:

„Wenn ohne Dich alles zusammenbricht, dann hast Du ohnehin einen ganz miesen Job gemacht. Denn Du hättest ja rechtzeitig gute Vertretungsstrukturen schaffen können." Und zweitens: „Wenn Du morgen stirbst, dreht die Welt sich auch weiter." Darum ermutige ich Dich, Dir immer wieder zu sagen: „Ich muss die Welt nicht retten." Fromme Menschen werden hinzufügen: „Die Welt ist schon gerettet."

5. Die Gelassenheit, von der ich oben gesprochen habe, lässt sich ganz schön in einem Bild zusammenfassen, das in christlichen Kreisen gerne benutzt wird: „Ich kann nicht tiefer fallen als in Gottes Hand." Ich bin sicher, dass dieses Wissen für Glaubende das entscheidende Argument gegen die Angst ist. Natürlich kann ich materiell und emotional viel verlieren, aber ich werde daran nicht zugrunde gehen, wenn mein Innerstes fest verankert ist. Wenn es ermutigende und tragfähige Zusagen des Himmels gibt, denen ich vertraue. Wenn ich weiß, dass ich niemals ins Bodenlose stürze.

Lass Dich von Deinen Ängsten nicht beherrschen, sondern beherrsche sie. Nicht, indem Du sie bekämpfst, sondern indem Du sie zähmst. Weil man mit zahmen „Geschöpfen" tolle Kunststücke machen kann.

Brief an den Ehemann

Hallo, werter Herr Gemahl!

Jetzt kommt ein echtes Männer-Thema: Frauen. Ja, unsere wundervollen, oft so anstrengenden Frauen. Und ich würde in diesem Brief gerne mal schauen, wie es Dir als Ehemann oder Partner gerade so ergeht. Oder wie man früher so charmant sagte: „Na, was macht die Liebe?“ Ja, was macht sie? Deine Liebe? Eure Liebe? Könntest Du das spontan sagen?

Also, wie sieht es aus? Hast Du immer noch Flugzeuge im Bauch wie damals, in der Phase der ersten Verliebtheit? Könnt ihr die Finger nach wie vor nicht voneinander lassen und fangen Deine Augen weiterhin an zu leuchten, wenn Deine Liebste den Raum betritt? Kreisen Deine sehnsüchtigen Gedanken regelmäßig darum, wie ihr euren Alltag mit möglichst vielen Gemeinsamkeiten gestalten könnt? Und ist Dein ganzer Charme darauf ausgerichtet, diesem wunderbaren Geschöpf Komplimente zu machen?

Oder gehörst Du auch zu den Männern, die nach einigen Ehejahren ein wenig frustriert feststellen, dass das herrliche Kribbeln im Bauch inzwischen eher einem flauen Gefühl gleicht? Weil nun mal die Routine Einzug gehalten hat – am Tisch und im Bett. Tja, und während in den ersten Jahren unter den vielen Eigenschaften Deiner

Frau immer nur die attraktiven, liebenswerten und inspirierenden Merkmale hervorgestochen haben, bekommst Du nun zunehmend den Eindruck, dass die schwierigen Seiten ihres Charakters die Oberhand gewinnen. Irgendwie ist aus dem Fest der Liebe eine nette Gewohnheit geworden. Ein vertrautes, gewöhnliches Miteinander.

Ja, es gibt sogar Männer, die irgendwann ihre Partnerin gar nicht mehr als Gewinn, sondern fast nur noch als Belastung erleben – weil sich eben ihre Wahrnehmung der Lebensgefährtin so geändert hat. Dazu kommt oftmals noch die Tatsache, dass man als Mann für seine Frau in der Regel ja nur so lange die Nummer eins ist, bis das erste Kind das Licht der Welt erblickt. O ja, dann bist Du nur noch Nummer zwei. Und mit jeder neuen Geburt eines Nachkommens rutschst Du in der Skala der Gattin weiter nach hinten. Bis Du irgendwann das Gefühl hast: „Ich bedeute ihr ja gar nichts mehr. Alles ist wichtiger als ich. Ich stehe nur noch im zweiten Glied." Und die einst so hohen Ansprüche an die Partnerschaft werden im Lauf der Zeit immer weiter zurückgeschraubt.

Also, jetzt mal „Butter bei die Fische": Wenn es so etwas gäbe wie eine „Liebes-Skala" von eins bis zehn – und wenn Du die Zeit der ersten Verliebtheit als, sagen wir mal, „acht" einstufst – was würdest Du sagen: Wo stehst Du heute? Na? Aber Vorsicht! Antworte bitte nicht zu voreilig. Denk daran, dass es in jeder Beziehung ganz unterschiedliche Ebenen gibt: die Gefühle, die geistige Nähe, die körperliche Nähe, die Vertrautheit, die Offenheit, die Lust auf das Miteinander, die Zeit für das Miteinander, die gemeinsamen Ziele und vieles mehr. Im Grunde müsstest Du für jede dieser Kategorien fragen, wie sich eure Liebe entwickelt hat. Und ob Du damit zufrieden bist.

Interessant finde ich in diesem Zusammenhang: In fast allen Ansprachen von Standesbeamten oder in den meisten Traupredigten bekommt man ja recht eindrücklich vor Augen geführt, dass eine gute Beziehung viel Arbeit bedeutet, dass man in seine Beziehung immer neu investieren muss. Und dass die Liebe verkümmert wie eine vertrocknete Primel, wenn man sie nicht pflegt. Deshalb lautet meine erste praktische Frage: Macht ihr das? Machst Du das? Arbeitest Du an Eurer Beziehung? Düngst Du eure Liebe? Und wenn ja: Wie machst Du das? Ich frage deshalb ein wenig aufdringlich, weil ich zu viele Männer kennengelernt habe, die ernsthaft dachten, es wäre doch genug, ihre Frauen einmal im Monat schick zu einer Pizza beim örtlichen „Italiener" einzuladen. Oder Männer, die mit ihren Frauen zwar ein zunehmend perfekteres Organisationsteam wurden, das den Alltag der Familie hervorragend managen konnte, in deren Miteinander aber für die Liebe kaum mehr Raum vorhanden war. Oder Männer, die ernsthaft der Überzeugung waren, ihre Gattin müsse eben anfangen zu reden, wenn ihr etwas an der Beziehung nicht passt. Ansonsten gäbe es ja offensichtlich keinen Bedarf an einem Gespräch.

Erich Kästner hat einmal in einem Gedicht sehr eindringlich formuliert: „Da kam ihnen die Liebe abhanden." Das geht schneller als man denkt. Und darum ist es so wichtig, die Liebe zu pflegen. Damit sie sich nicht verflüchtigt. Damit man nicht erst dann anfängt, sich um die

Beziehung zu kümmern, wenn es schon längst zu spät ist. Wie das geht? Nun, lass uns mal gemeinsam schauen, ob uns etwas einfällt.

Weil ich mir zu solchen Themen gerne Anregungen aus der Bibel hole, schreibe ich dir jetzt hier mal einen Vers hin, den ich für unser Thema für äußerst anregend halte: *Wo du hingehst, da will auch ich hingehen; wo du bleibst, da bleibe ich auch. Dein Volk ist mein Volk, und dein Gott ist mein Gott. Wo du stirbst, da sterbe auch ich, da will ich auch begraben werden. Der Herr tue mir dies und das, nur der Tod wird mich und dich scheiden.* (Rut 1, 16f.)

Diese Verse aus dem Buch Rut werden von einer jungen Witwe zu ihrer Schwiegermutter gesagt, mit der sie nach einigen Schicksalsschlägen in die Fremde ziehen will. Doch weil in diesen Worten so viel Wahrheit über das Miteinander zweier Menschen steckt, werden sie auch immer wieder gerne als Trauverse bei Hochzeiten genutzt. So was Romantisches! Schauen wir uns das mal etwas genauer an – und fangen wir dabei hinten an:

Nur der Tod wird dich und mich scheiden.

1. Liebe ist nicht nur ein Gefühl, sondern auch ein Versprechen

Deine Gefühle zu Deiner Partnerin werden sich auf jeden Fall im Lauf der Zeit verändern, im Idealfall werden sie tiefer und stärker, im Zweifelsfall werden sie auch mal schwächer. Und im Normalfall schwanken sie mal in die eine, mal in die andere Richtung. Deshalb ist es in einer Beziehung von Anfang an sinnvoll zu fragen, worauf die Gemeinschaft zweier Menschen eigentlich aufbaut. Nur auf das heftige Herzklopfen im Abendrot am Strand – oder auch und vor allem auf einem gemeinsam gefällten Entschluss: „Ja, wir wollen unseren Weg zusammen gehen." So ein „Ja" des Willens ist eine fundamentale Dimension der Liebe, die man nicht unterschätzen sollte.

An so einen Entschluss kann man sich nämlich halten und erinnern, wenn die Zeiten wirklich einmal schwer werden und – wie es der Text sagt – Gott „mir dies und das" antut. Ein solches „Ja" wird zum existenziellen Anker, den jede Liebe braucht: „Ganz gleich, was mir passiert, ich kann mich darauf verlassen, dass der andere zu mir hält. Dass er für mich ist und nicht gegen mich." Darum schmerzt es so, wenn ein derartiges Versprechen gebrochen wird.

Hilfreich ist dabei immer auch, sich in turbulenten Zeiten an den herrlichen Menschen zu erinnern, dem man damals sein Versprechen gegeben hat. Man kann in der augenblicklich vielleicht sehr *herausfordernden* Partnerin immer wieder neu die Geliebte der ersten Zeit wiederfinden.

Wo du hingehst, da will auch ich hingehen.

2. Lieben heißt, ein fremdes Land betreten!

Es gibt Menschen, die ernsthaft glauben, man könne eine Ehe führen, in der jeder, bildhaft gesprochen, in seinem Land hocken bleibt: „Ich lebe weiter wie bisher. Und du bist ab jetzt eben auch dabei." So funktioniert Liebe nicht.

Zum Glück. Wer wahrhaft liebt, der bricht auf, der ist bereit, seine „alte Heimat“ aufzugeben, und zwar immer wieder. Ja, wer liebt, der lässt auch vertraute Dinge, Gewohnheiten und Sicherheiten hinter sich, die ihm bisher Schutz gegeben haben und die er lange aufgebaut hat.

Man könnte es auch so ausdrücken: Ein Mensch, der nur in seinem alten Land bleiben und im kleinen Grenzverkehr lieben und leben will, der hat sich eigentlich gar nicht richtig auf eine Beziehung eingelassen. Wer dagegen von der Liebe ergriffen wurde, der hat auch erkannt: *Das Wir, dieses ein Leben lang neu zu erforschende „Land“, ist wichtiger als das Ich, also als das alte Land!*

Merk Dir diesen Satz gut! Das *Wir* ist wichtiger als das *Ich*. Denn alle Eheprobleme, mit denen ich im Bekanntenkreis bisher konfrontiert wurde, haben damit begonnen, dass in einer Partnerschaft das Ich wichtiger wurde als das Wir, da, wo nicht mehr nach einem gemeinsamen Weg gefragt wurde, sondern einer oder beide andauernd das Gefühl hatten, zu kurz zu kommen. Darum: Pflege das Wir!

Das Gefährliche an dieser Aufforderung ist: Wenn nur einer diesen Grundsatz lebt, kann es passieren, dass der oder die andere sich verliert, sich aufgibt. Liebe heißt deshalb: Beide haben die Bereitschaft, ihre Heimat, ihr vertrautes Ich zu verlassen und mit dem anderen einen neuen Weg zu gehen. Deshalb musst Du Dich fragen: Hast Du ein Leben lang den Mut, das immer wieder zu sagen: „Wo du hingehst, da will auch ich hingehen“? Steht diese Frage bei all Deinen und all Euren Entscheidungen im Vordergrund: Was tut dem Wir gut?

Wo du bleibst, da bleibe ich auch.

3. Lieben heißt, das Land des anderen wirklich betreten zu wollen!

Es ist das eine, das *Wir* über das *Ich* zu stellen und sich gemeinsam in die Fremde zu wagen, die zweite Herausforderung besteht aber nun darin, auch das *Du* des anderen immer wieder neu zu entdecken, die Welt der Partnerin zu ehren und zu achten: „Ich lebe jetzt nicht mehr nur mein Leben, ich lebe auch ein Stück von deinem Leben. Du interessierst mich. Ich verzehre mich danach, dich zu kennen, dich zu erkennen, deine tiefsten Ängste und Unsicherheiten mit dir auszuhalten." In einer guten Beziehung muss nicht jeder für seinen Freiraum und seine Interessen kämpfen – er erlebt, dass seine Wünsche und Erwartungen dem anderen unfassbar wichtig sind. Es ist ja kein Zufall, dass man davon spricht, dass einer dem anderen die „Wünsche von den Augen abliest". In dieser kitschigen Formulierung steckt eine tiefe Wahrheit.

Nebenbei: Das hebräische Wort für „Miteinander schlafen" heißt: „Den anderen erkennen." Und damit ist gemeint: „Ich will dir wirklich nahe sein. Ich will dir immer wieder so nah kommen, dass ich deine Hoffnungen, Träume und Ängste wahrnehme." Körperlich, seelisch und geistig. Hast Du noch die Sehnsucht in Dir, Deine Partnerin zu „erkennen" – und zwar im allumfassenden Sinn?

Ich wünsche Dir nichts mehr, als dass diese Sehnsucht bleibt, auch wenn Du im Lauf der Zeit vermehrt die Schwachstellen Deiner Partnerin entdecken wirst, die

Ecken und Kanten, die Ungemütlichkeiten, die schlechten Erfahrungen, die jeder mitbringt, und die Unsicherheiten. Lasst niemals voneinander ab! Verzehrt Euch weiterhin nacheinander und vergesst nie, dass sich jeder von euch weiterentwickeln kann und wird. *Wo du bleibst, da bleibe ich auch.* Wenn beide Seiten vor allem fragen: „Wo bleibst du?" und nicht nur „Wo bleibe ich?", dann gelingt die Liebe.

Dein Volk ist mein Volk.

4. Lieben heißt, beim anderen ein Zuhause zu finden!

Es gibt ein berühmtes amerikanisches Lied mit dem Titel: "Before you marry, watch her mom!" Bevor Du eine Frau heiratest, schau Dir ihre Mutter an. Dann weißt du in etwa, was dich in fünfundzwanzig Jahren erwartet. Man heiratet nämlich nie nur einen Menschen, man heiratet immer auch eine Familie, einen Klan, eine Lebenseinstellung und eine jahrzehntelange Erziehung. Jeder Mensch hat ein kleines Universum im Gepäck. Dabei ist es ganz gleich, ob man gegenüber den jeweiligen Herkunftsfamilien positive Zuwendung oder tiefe Abneigung empfindet, jeder bringt sein „Volk" mit in die Ehe ein – ob er will oder nicht. Ob sie will oder nicht.

Ruth ist sehr weise, wenn sie ihrer Schwiegermutter sagt: *Dein Volk ist mein Volk.* Übertragen heißt das: Das, was dich geprägt hat, will auch ich achten. Weil jeder Mensch nicht nur seine individuelle Geschichte, sondern eben auch bestimmte Muster, Verhaltensweisen und Prägungen mitbringt. Und es endet meist sehr traurig, wenn in einer Partnerschaft einer von beiden lässig denkt: „Ach, ich werde den anderen im Lauf der Zeit schon so formen, wie ich ihn mir vorstelle." Aua. Das ist nicht der Sinn von Liebe. Das ist eher eine Art seelischer Vergewaltigung.

Die Aufgabe eines Paares besteht deshalb auch darin, möglichst früh herauszufinden, wie sie mit dem doppelten Erbe, das sie in die Ehe einbringen, umgehen wollen und können – und wie aus diesem Gemisch an „Erblasten" und „Erbfreuden" nach und nach ein neues „Volk" entsteht. Das gelingt dann, wenn beide in der Lage sind, den Partner und seine Prägungen als Teil des neuen Zuhauses zu entdecken. Eine solche Zusammenführung von Traditionen ist etwas Großartiges. Auch, weil ja dabei jeder vom anderen lernt und profitiert. Du entdeckst, welche Stärken die Familie Deiner Frau in sich trägt – und auch welche Schwächen. Und gemeinsam könnt ihr daran arbeiten, dass ihr den anderen mit all seiner „Herkunft" achten könnt. Grundsätzlich gilt nämlich: Wenn in einer Beziehung die Achtung verloren geht, dann geht auch die Liebe verloren. Darum ist es überaus wichtig, die Wertschätzung nie aus dem Blick zu verlieren.

Dein Gott ist mein Gott.

5. Lieben heißt, an das Gleiche zu glauben!

Das ist ein großer Satz: *Dein Gott ist mein Gott.* Die Moabiter (das Volk, aus dem Ruth stammte) glaubten damals eigentlich an ganz andere Götter als die Israeliten (zu denen ihre

Schwiegermutter gehörte), aber Ruth wusste ganz genau, dass zwei Menschen nur dann zu einem tragfähigen Miteinander finden, wenn sie an das Gleiche glauben, wenn ihre Seelen in den großen Kernfragen eine ähnliche Ausrichtung mitbringen. Kann ein Paar aus Pazifist und Kriegsbefürworter glücklich werden? Nein. Jedenfalls kenne ich keines. Wir brauchen in der Partnerschaft einen gemeinsamen Schatz an Idealen, Träumen und Zielen. Und die gilt es immer wieder miteinander abzustimmen. Was glaubst Du? Was glaube ich? Wo ist unser gemeinsamer Glaube? Wofür setzen wir uns gemeinsam ein? Was wollen wir von und in diesem Leben erreichen? Was gibt Deinem und meinem Leben Halt?

Dabei geht es bestimmt nicht um eine wilde Gleichmacherei von Meinungen, sondern um das Wissen: In den entscheidenden Fragen ziehen wir an einem Strang. „Du denkst wie ich." Und ich rede hier nicht von den unzähligen Meinungsverschiedenheiten, die man als Paar in Detailfragen dennoch andauernd hat – auch in den besten Ehen. Nein, ich rede von einer Grundeinstellung zum Leben. Von einer „Gemeinschaft im Geist" – um es einmal spirituell auszudrücken. Ich hoffe sehr, dass ihr so ein „kulturelles" Miteinander nicht nur in den Fragen der Lebensgestaltung erlebt, sondern dass ihr auch entdeckt, dass Gott sich in der Liebe zweier Menschen besonders deutlich offenbaren kann.

Ja, als Glaubender kann ich euch nur empfehlen, einen gemeinsamen Glauben zu pflegen – miteinander zu beten und über die großen religiösen Grundfragen zu diskutieren: „Wo komme ich her?“, „Wo gehe ich hin?“ und „Warum bin ich da?“ Wer in solchen grundlegenden Fragen gemeinsame Antworten hat, der ist auf jeden Fall eng mit seinem Partner verbunden. Und ich erlebe leider zu viele Paare, die irgendwann im Alltagstrott vergessen, zu fragen, welche gemeinsamen Ziele sie eigentlich haben. Darum ist es so wichtig, das Miteinander auch bewusst zu pflegen.

Das war jetzt ein kleiner Parforceritt durch das Beziehungsleben. Und ich weiß natürlich, dass es auch Ehen gibt, die längst an einem Punkt angekommen sind, an dem die Brüche größer scheinen als das Gemeinsame. Dann muss im Zweifelsfall ein guter Eheberater schauen, ob und wie ein Neuanfang möglich wird. Trotzdem bin ich der festen Überzeugung, dass das mehr als 3000 Jahre alte Gelöbnis der Ruth nach wie vor die wesentlichen Prinzipien einer gelingenden Ehe zusammenfasst, nämlich die Aufforderung, miteinander und mit großer Ehrfurcht gegenüber dem anderen ein neues, gemeinsames „Land der Liebe“ zu erobern. Wer das fortwährend tut, der wird die Frage nach seinem aktuellen Wert auf der „Liebes-Skala“ immer nur mit Höchstwerten beantworten.

Brief an den Liebhaber

Hallo, feuriger Lover!

Jetzt kommt der Brief, auf den Du Dich wahrscheinlich am meisten gefreut hast. Nicht wahr? (Falls Du nicht direkt hierher geblättert hast, Du kleiner Lüstling!) Na, es wäre jedenfalls kein Wunder. Das Thema „Sex" hat doch irgendwie seinen ganz besonderen Reiz. Und – um es gleich deutlich zu sagen: Es ist das komplizierteste überhaupt. In keinem anderen Bereich des Mann-Seins gibt es so viele Missverständnisse, Unstimmigkeiten, Befürchtungen und Enttäuschungen wie beim Liebesleben. Aber vielleicht macht ja gerade das die Beschäftigung mit dem Sex so faszinierend. Abgesehen davon genießen wir Männer es einfach, bestimmte Reizworte wie „Orgasmus", „Brustwarzen" oder „Kitzler" zu hören und zu lesen, die uns jederzeit ein Kribbeln durch den Körper laufen lassen.

Und: Irgendwie gehört es nun mal zu einem echten Mann, dass er ein guter Sexualpartner ist. Ein Casanova der Leidenschaft. Ein Matratzen-Hero erster Güte. Ein Verführer und Betörer der Extraklasse. Zumindest glauben wir das. Ja, selbst wenn Du Dir in einigen anderen Lebensbereichen Schwächen eingestehen kannst, möchtest Du wahrscheinlich niemals von einer Frau hören: „Schatz,

Du bist grottenschlecht im Bett!" Nein. Wir wollen – auch in treuen Partnerschaften – gerne als heißblütige, feurige, prächtige „Hengste" auftreten, die es den ihnen anvertrauten Weibchen jederzeit anständig besorgen: „Ich mach's dir, Baby!"

Deshalb ist es für den Liebhaber in uns auch besonders verletzend, wenn unsere Frau dann trotz aller guten Absichten, Techniken und Verrenkungen nicht zum Orgasmus kommt. Oder zumindest sehr selten. Ja, das wurmt uns Männer. Sonst hätte Meg Ryan ja nicht in „Harry und Sally" so eindrücklich demonstrieren müssen, wie leicht eine Frau einen Orgasmus simulieren kann. Was manche eben auch hin und wieder tun. Warum? Na, damit die Männer zufrieden sind. Ja, damit wir Potenz-Bolzen das Gefühl bekommen, dass wir unsere Pflicht erfüllt haben (ganz wichtig für einen Kerl).

Nur: Durch solche und andere merkwürdigen Erwartungen setzen wir unsere Frauen natürlich auch massiv unter Druck, weil die ja sofort merken, dass wir – typisch Mann – wieder mal sehr „ergebnisorientiert" an eine Sache rangehen: „Bist du schon gekommen, Mausi! Nein! Jetzt aber mal los." Dass viele Partnerinnen lieber erst einmal den Akt und die Zärtlichkeit an sich genießen wollen, zählt für uns Männer oftmals gar nicht mehr. Und schon herrscht in dem leidenschaftlichsten und intimsten Miteinander eines Paares eine sehr maskuline Leistungskomponente, die der Sexualität normalerweise gar nicht guttut.

Apropos Leistungskomponente: Es ist wohl kein Zufall, dass sich unfassbar viele blöde Witze und Sprüche mit der

Größe des männlichen Glieds beschäftigen. Wie ein Autoreifen soll es sein: „Schwarz, breit, stark." Und angeblich brauchen und wollen Mädels vor allem üppige Maße bei ihrem Lover. Zumindest wird das andauernd kolportiert – nicht nur an Stammtischen. Angeblich stand sogar mal in einer seriösen Zeitung unter den Kontaktanzeigen der klare Satz: „Suche Mann mit Pferdeschwanz. Frisur egal."

Nun: Offensichtlich sieht es in vielen deutschen Federbetten so mau aus, dass sich immer mehr Männer ängstlich fragen: Liegt die Lustlosigkeit meiner begehrten Gattin vielleicht an meinen genitalen Dimensionen? Oder eben an den Nicht-Dimensionen? Fehlt mir da einfach was? Und mancher, dem das, was er da bescheiden unterm Bauchansatz baumeln sieht, einfach nicht groß genug erscheint, versucht dann verzweifelt, das „Volumen-Shampoo" seiner Liebsten auch regelmäßig im Intimbereich zu benutzen. Nützt aber überhaupt nichts. Bedauerlicherweise.

Um das gleich vorab zu klären: Du musst mit dem leben und lieben, was Du hast. Weder operativ (ich habe mich da extra mit einem kompetenten Urologen unterhalten) noch mit Vakuumpumpen, Penisringen, verbotenen Medikamenten aus den Niederlanden oder ähnlich seltsamen Hilfsmittelchen kann man daran etwas ändern. Auch wenn einem täglich Dutzende von Spam-Mails verheißen, sie könnten aus einem mageren Streichholz im Handumdrehen einen dicken Balken machen („Double your penis-size in three days!").

Und selbst, wenn das möglich wäre: Welcher wahre Mann möchte schon beim Liebessport als gedopt gelten?

Da werden einem ja möglicherweise die Orgasmen später wieder aberkannt. Aber im Ernst: Natürlich wird eine Partnerin spüren, ob der Mann einen eher kleinen oder einen mächtigen Penis hat, aber gerade bei Frauen passiert ein wichtiger, wahrscheinlich der wichtigste Teil vom Sex im Kopf. Sprich: Die reine Größe ist nur eine Komponente unter vielen anderen. Und das heißt: Eigentlich hat ein gelingendes Liebesleben vor allem mit der richtigen Einstellung zu tun.

Damit sind wir schon ziemlich beim Kern der Sache. Ich behaupte nämlich: Bei keinem anderen Thema finden wir eine solche Diskrepanz zwischen „Wunsch" und „Wirklichkeit" wie beim Sex. Gerade wir Männer haben oftmals das Gefühl, dass wir, was das Sexualleben angeht, in der „Quantität" und in der „Qualität" einfach zu kurz kommen. Was nicht schön ist. Ja, was manche enttäuschte Partner richtig leiden lässt.

Das wiederum hängt vor allem daran, dass wir Männer sexuelle Erfüllung allzu oft und ziemlich vereinfachend mit Liebe gleichsetzen. Tatsächlich verwechseln viele Mannsbilder den emotionalen Satz „Sie liebt mich!" häufig mit dem Satz „Sie begehrt mich!" Oder andersherum gesagt: Wenn eine Frau gerade mal keine große Lust auf wilden Sex hat, dann denkst Du als Mann sofort: „Sie liebt mich wohl nicht (mehr)."

Verwunderlich ist das nicht. Schließlich wurde in den meisten Partnerschaften die Liebe in den wilden Anfangszeiten sehr tatkräftig durch körperliches Miteinander ausgedrückt: „Zu Beginn wollte sie doch auch so oft." Und diese gedankliche Gleichsetzung („Sex = starker Ausdruck von Liebe“) setzt sich anscheinend im männlichen Hirn fest und führt dazu, dass der Liebhaber in uns später immer wieder den Eindruck hat: „Wenig Sex = deutlicher Ausdruck von wenig Liebe“. Und diese Vorstellung tut natürlich weh: „Sie interessiert sich nicht für mich.“

Was aber, das sei Dir hier mal direkt gesagt, im Normalfall einfach nicht stimmt. Viele Frauen lieben ihre Männer aus ganzem Herzen und wollen auch mit keinem anderen Tisch und Bett teilen; und haben trotzdem Phasen, in denen die pure Leidenschaft und die Lust auf erotische Eskapaden in ihnen ziemlich erloschen zu sein scheinen – vor allem, weil die vielen Verpflichtungen ihre gesamte Energie schon vor dem Liebesspiel verbraucht haben. Kurz und gut: Dass wir zwischen Liebe und Begierde so schwer trennen können, ist offensichtlich ein zutiefst maskulines Problem. Und zwar mitunter ein sehr spürbares.

Denn – ich weiß nicht, ob Du das auch kennst – aber so manche Männer werden total übellaunig und missmutig, wenn sie nicht bekommen, was sie sich wünschen; und nach ihrem Gefühl auch „brauchen“. Und da sind wir bei einem weiteren markanten Unterschied zwischen den Geschlechtern: Während Frauen gerne einen passenden romantischen Moment der Ruhe haben möchten, in dem sie sich ganz hingeben können, ist für Männer Sex oftmals auch ein Stressventil: „Baby, es ist grade so viel los, jetzt brauch ich zum Entspannen mal eine kleine Nummer.“

Dieser Satz ist für Frauen ungefähr so erotisierend wie ein nicht geleerter, überquellender Mülleimer oder ein Haufen stinkender Socken. Sie haben dann nämlich – meist zu Recht – den Eindruck, dass sie nur zur Triebabfuhr benutzt werden. Dass sie ins Bett kommen sollen, damit ihr Mann entspannt (um es mal sehr drastisch zu formulieren) „abspritzen" kann. Bäh ...

Während Testosteron-Bomben also bisweilen das Gefühl haben, sie werden nicht geliebt, wenn sie keinen Sex bekommen, haben Frauen im Gegenzug das Gefühl, sie werden nicht geliebt, wenn sie nur als Sexualobjekt dienen. Ein richtiges Dilemma. Vor allem, weil daraus ja ein ziemlich schauderhafter Kreislauf erwächst: Je weniger Sex die Männer bekommen, desto mehr bedrängen sie ihre Frauen, und desto weniger haben die Lust, nur zur Beendigung des „Samenstaus" zu dienen. Und plötzlich wird aus dem, was eigentlich ein lustvolles Miteinander sein soll, ein verzweifeltes Ringen um Häufigkeit und Stellungsvielfalt, das mit Liebe tatsächlich nur noch wenig zu tun hat und in dem sich beide als Opfer fühlen.

Ich fürchte: Es wird wahrscheinlich über kein Thema in Partnerschaften so oft gestritten wie über die Frage nach der „Frequenz des Beischlafs". Vor allem, weil da nun mal jedes Paar seinen eigenen Weg finden muss. Angeblich soll der kluge Reformator Martin Luther zwar gesagt haben: „Die Woche zwier (= zweimal), das lob ich mir!", aber erstens war der Kerl kein Sexualtherapeut und zweitens helfen in diesem Fall Festlegungen relativ wenig. Weil sich Begierde nun mal nicht reglementieren lässt.

Genauso wenig kann man die Ausdrucksformen der Leidenschaft festlegen. Während für manche Frauen orale

Befriedigung oder Sexspielzeuge sehr anregend sind, können sich andere dafür gar nicht erwärmen. Während die einen die Vielfalt der körperlichen Kombinationsmöglichkeiten im Kamasutra als sportliche Herausforderung empfinden, glauben andere, dass die „Missionarsstellung“ schon vom Namen her eindeutig die spirituellste Anmutung hat. Und während die Vorstellung, Sex im Freien oder im Heu zu probieren, der einen Gattin verlockend und stimulierend erscheint, denkt die andere dabei nur an Borreliose übertragende Zecken und schier unvermeidliche Blasenentzündungen.

Letztlich besteht das Grundproblem darin, dass Du als Mann überhaupt keinen objektiven „Maßstab“ für tollen Sex hast (und der Begriff ist jetzt nicht körperlich gemeint). Ja, wer sagt uns denn, wie viel und welcher Sex für ein Paar gut und richtig ist? Niemand! Zumindest niemand, der uns wirklich kennt.

Und das bedeutet, dass wir unseren Wunsch-Speicher mit lauter unrealistischen Bildern füllen: mit den heißblütigen Erinnerungen an die Zeit, als wir mit unserer Frau das Lieben entdeckt haben, mit den feurigen Blicken, die sich die attraktiven Filmstars zuwerfen, während ihnen die Lust nur so durch die Pixel quillt – und mit den künstlichen Sex-Welten der Porno-Industrie, in denen Frauen auf nichts anderes warten, als darauf, möglichst oft, möglichst akrobatisch und möglichst lang „rangenommen“ zu werden. Sprich: Wir Männer sind irgendwann überzeugt, dass diese „dauergeilen“ Sondersituationen das Vorbild für unseren Alltag sein sollten. Und das kann nicht gut gehen.

Denn die kurvenreiche Porno-Queen ist weder treu, noch in der Nacht fünfmal aufgestanden, um das Baby zu beruhigen. Sie hat keinen zehnstündigen Arbeitstag hinter sich, sie ist nicht müde, sie hat keine Schwangerschaftsstreifen, ihre Brust war nicht für mehrere Kinder monatelang die einzige Nahrungsquelle, sie muss nicht morgens früh raus und noch einen Kuchen für das Klassenfest backen, sie leidet nie an Grippe, sie darf nicht die Gesprächsgruppe vorbereiten, sie bügelt selten, sie hat auch – welch ein Zeichen – niemals ihre Tage, und sie muss sich, so scheint es jedenfalls, auch nicht um Verhütung kümmern. Und nebenbei: Sie ist meist auch nicht in der Lage, einen grammatikalisch korrekten Satz von sich zu geben. Wolltest Du mit so einer „Beischlaf-Puppe" wirklich leben?

Das heißt: Die erotische Lady der Medien ist ein hundertprozentiges Phantom, eine Fantasy-Figur, ein irrealer Wunsch. Sie gaukelt uns etwas vor. Nur, woran soll sich ein Mann denn sonst orientieren, wenn nicht an der Bilderflut, die ihm pralle Brüste, willige Schenkel und feuchte Träume als Normalfall präsentiert? Dass wir diese Vorstellung als Männer übernehmen, ist erst einmal ganz natürlich – und trotzdem überhaupt nicht hilfreich, weil sie mit der Wirklichkeit nichts zu tun hat. Wir lügen uns damit in die Tasche.

Tatsache ist: Kein Mann, der mit einem „HD-Hochglanz-Weibchen"-Ideal rumläuft, muss sich wundern, dass die ganz natürliche, reale Frau zu Hause nicht bereit ist, sich mit einer solch pervertierten Rolle zu identifizieren. Wobei man nicht unerwähnt lassen sollte, dass die meisten Männer sich zwar von der verlockenden Vision des „allzeit bereiten" Playboy-Häschens leiten lassen, selbst aber dem Adonis-Vorbild solcher Filme nur sehr bedingt entsprechen.

Der einzige Ausweg aus der Falle erotischer Fantasien ist ein lebendiger Austausch mit Deiner Partnerin. Ja, über Sex kann und darf man reden. Und zwar so, dass diese Gespräche selbst zärtlich und liebevoll sind. So, dass das Ehebett kein Kampfplatz bleibt, sondern wieder ein Spielplatz wird, ein Ort, an dem man sich trifft, um sich über seine Wünsche, Vorlieben und Sehnsüchte auszutauschen – und zwar nicht mit der Frage „Wie bekomme ich, was ich will?", sondern mit der Frage „Wie können wir unsere Liebe zueinander körperlich am schönsten ausdrücken?"

Dazu gehört natürlich als Erstes die Kunst, die Bedürfnisse des anderen wahrzunehmen: „Wonach sehnst du dich? Was wünschst du dir von mir? Was kann ich tun, damit dein Begehren wahrgenommen und gestillt wird?" Und vielleicht stellst Du dabei ganz überrascht fest, dass Deine Partnerin auf ganz andere Dinge achtet, als Du ursprünglich dachtest. Ja, vielleicht ist die Größe Deines Penis oder die Vielfalt der Stellungen für sie gar nicht das Wesentliche. Vielleicht möchte sie vor allem gestreichelt werden. Zum Beispiel am Rücken oder an den Armen – also an Stellen, die Du bislang noch gar nicht als erogene Zonen wahrgenommen hast.

Vielleicht ist es für Deine Frau auch ungeheuer anregend, wenn Du vorher Kerzen anzündest, die Küche fertig machst, die Kinder badest, mit ihr durch den Wald läufst, einen scheinbar wichtigen Termin für euer Rendezvous absagst, den Großeinkauf erledigst, die Treppe fegst – oder anderweitig zeigst, dass Du für sie ein guter und achtenswerter Partner bist.

Und vielleicht, es könnte ja sein, entdeckst Du, dass Deine Frau sich viel lieber auf Sex einlässt, wenn er nicht immer automatisch geschieht – wenn sie also nicht davon ausgehen muss, dass jedes romantische Abendessen, quasi als logische Konsequenz, im „Lotterbett" endet. Das wird sie aber nur glauben können, wenn sie auch mal den anderen Fall erlebt, dass Du nämlich den entspannten Spaziergang im Sonnenuntergang tatsächlich nicht mit sexuellen Erwartungen, sondern einfach nur mit Kuscheln ausklingen lassen kannst. Ich weiß, dass das schweineschwer ist. Aber einen Versuch solltest Du allemal wagen.

Selbstverständlich darf es bei Euren Gesprächen dann auch die Zeiten geben, in denen Du Deine Wünsche äußerst. Das, was Du gerne ausprobieren, intensivieren oder verändern möchtest. Deine sexuellen Vorlieben, Interessen und Präferenzen. Ja, auch Männer müssen bisweilen einfach sagen, wo und wie sie gerne gestreichelt werden wollen. Denn woher sollen die Frauen es sonst wissen? Wie sollen sie auf Wünsche eingehen, wenn sie die nicht kennen oder immer nur als fertige Forderungen erleben?

Erkläre, was Dir guttut und welche Zärtlichkeiten Dich besonders erregen. Nur so kannst Du dazu beitragen, dass Deine Frau euer Sexualleben nicht als etwas Bedrängendes empfindet, dem sie andauernd genügen soll, sondern dass sie neu Lust bekommt, Dich als Mann wahrzunehmen, dem sie selbstbestimmt Freude bereiten kann und von dem sie Freude empfängt.

Natürlich kann und wird es wahrscheinlich auch passieren, dass Deine Frau zu bestimmten Vorlieben einfach „Nein“ sagt. Weil sie diese oder jene Praxis für sich eben nicht als erregend oder stimulierend erlebt. Dann musst Du für Dich sorgfältig klären, welches Frauenbild Du eigentlich hast. Ob Du erwartest, dass Deine Frau für Dich vor allem eine Erfüllungsgehilfin Deiner Begierden sein soll, oder ob Du sie in ihrer Persönlichkeit achten und ein gemeinsames Liebesleben führen willst, in dem ihr euer Miteinander feiert. Denn wenn es um das Miteinander geht, dann steht nie die Frage im Vordergrund: Wie können einseitige Triebe befriedigt werden?

Wenn Du dann noch bedenkst, dass Frauen viel mehr als Männer Zyklen unterworfen sind und während ihrer fruchtbaren Tage deutlich „paarungsbereiter“ sind als kurz vor ihrer Periode, dann sollte es eigentlich möglich sein, euer Sexualleben so zu gestalten, dass ihr es als ein gemeinsames Abenteuer erlebt. Dabei wird aber immer gelten: Wer besseren Sex will, der sollte vor allem daran arbeiten, dass seine Beziehung besser wird (Was oftmals einfach eine Zeitfrage ist). Dass das Miteinander so zärtlich, offen, intensiv und erlebbar wird, dass die Liebe sich ausdrücken möchte. Denn das tut sie dann immer wieder auch gerne. Durch wollüstige Begegnungen im Bett – oder auch mal im Freien. Was macht schon eine Zecke?

Brief an den Vater

Hallo, stolzer Erzeuger!

Jetzt kommt schon wieder so ein haariges Thema. Ich würde nämlich gerne mit Dir einen Augenblick über Deine Rolle als Vater und Erzieher ins Gespräch kommen. Und da stellt sich natürlich sofort die Frage: Hältst Du Dich eigentlich für einen guten Vater? Tust Du für Deine Kinder alles, was getan werden muss? Hast Du sie mit ihren ganz individuellen Bedürfnissen im Blick? Und hilfst Du ihnen, „Wurzeln" auszubilden, mit denen sie sich im Leben verankern können, und „Flügel", mit deren Hilfe sie die Luft erobern – wie es so schön poetisch heißt?

Na, was denkst Du? Sagst Du spontan und ohne zu zögern: „Ja, das bin ich. Ich bin ein verantwortungsvoller Papa"? Oder musst Du Dir traurig auf die Unterlippe beißen und antworten: „Na ja, wohl eher nicht"? Oder ist dieses Thema ohnehin viel zu komplex, als dass man darauf so mir nichts, dir nichts mit „Ja" oder „Nein" reagieren könnte? Nun: Ich kenne dazu keine offizielle Statistik, ahne aber, dass viele Männer über so eine Frage länger nachdenken müssen. Und dass die Antwort nicht immer leichtfällt.

Gleichzeitig treffe ich neuerdings vermehrt frisch gebackene Großväter, die sich auf einmal mit voller Hingabe ihren Enkeln widmen. Und wenn ich dann nachhake, woher denn dieser ungestüme Enthusiasmus kommt, dann erhalte ich oftmals als Antwort: „Tja, ich hatte leider für meine Kinder zu wenig Zeit. Viel zu wenig. Jetzt möchte ich etwas von meinen Versäumnissen an meinen Enkeln wiedergutmachen."

Und manchmal bricht es dann aus diesen Männern heraus. Wie schwer das damals war, als sie ihr Geschäft aufbauen mussten oder der Hausbau alle Energie aufgesogen hat. Wie oft sie nachts so spät nach Hause kamen, dass die Kinder schon schliefen. Oder dass die vielen Auslandsaufenthalte eben keine kontinuierliche Begleitung möglich gemacht haben. Da war dies und das – und irgendwie blieben die Kinder dabei auf der Strecke. Meist spüre ich dann zwischen all den wehmütigen Rückblicken, wie sehr diese Männer heute darunter leiden, dass die Beziehung zu ihren Kindern nie so tief gehend geworden ist, wie sie sich das gewünscht hätten.

Ich gehe jetzt einfach mal davon aus, dass Du von ganzem Herzen ein guter Vater sein möchtest, einer, der für seinen Sohn ein echter Kumpel ist und für seine Tochter ein guter Berater. Ein echter Freund. Einer, der seinem Nachwuchs auf Augenhöhe begegnet, auf dessen Rat sie gerne hören und dem sie in allen Lebenslagen vertrauen. Klingt gut, oder? Und es macht Lust, in seinen Nachwuchs mit aller Leidenschaft zu investieren.

Nur ist das leider in der Realität eher selten. Und der Vater, der schon wieder wegen eines geschäftlichen Termins das Fußballspiel seines Sohnes gegen den „1. FC Gurkenberg“ oder die „wunderbar kreative“ Ballettaufführung seiner Tochter verpasst hat, spielt in derartig vielen Romanen und Filmen eine tragende Rolle, dass man hier schon von einem gesellschaftlichen Trauma sprechen kann. Oder wie der Volksmund sagt: „Vater werden ist nicht schwer – Vater sein dagegen sehr.“

Also: Was ist ein guter Vater? Und wie findet ein Mann heraus, was das Beste für sein Kind ist? Das sind zwei äußerst diffizile Herausforderungen, denen sich die meisten Männer erkennbar zu wenig widmen. Auch dann, wenn sie wirklich mit bestem Wissen und Gewissen ein guter Vater sein möchten. Nur würde eine ernsthafte Auseinandersetzung mit der Vaterrolle ihnen wahrscheinlich offenbaren, welche Defizite sie haben.

Das ist übrigens auf der Frauenseite nicht viel anders. Bei einer Studie in Amerika wurden Mütter danach befragt, was sie am glücklichsten macht. Und siehe da: Die absolute Mehrheit siedelte erwartungsgemäß die Antwort „Meine Kinder!“ ganz weit oben an. Doch als man von diesen Frauen dann wissen wollte, wie viel Zeit sie sich denn täglich mit bestimmten Dingen beschäftigen, da rutschten auf einmal die angeblichen „Glücksbringer“ radikal nach hinten. Wirklich! Vor dem „Umgang mit den Kindern“ kam – rein von der Dauer her gesehen – nicht nur die „Zeit am Arbeitsplatz“, sondern auch, und jetzt halte Dich fest: Zeit für „Fernsehen“, „Computer“, „Telefonieren“, „Ausruhen“, „Freunde treffen“ und „Auto fahren“. All diese Tätigkeiten machten die Frauen deutlich länger als sich mit ihren Kindern zu beschäftigen.

Ich nehme mal an, dass es den meisten Vätern ähnlich ergeht: Sie würden ihre Kinder auf der „Highscore-Liste der wichtigsten Komponenten ihres Lebens" auch ganz oben einordnen, doch in der Alltagspraxis kommen die Kindern viel weiter hinten. Sehr viel weiter. Und das spüren die Kinder natürlich. Wenn Papa lieber erst die „Sportschau" zu Ende sieht als Playmobil zu spielen, dann hat er eben eine deutliche Botschaft verschickt: „Du bist nicht so wichtig wie mein Fernsehritual." Eine Aussage wie „Ich muss erst noch diese eine E-Mail fertig machen" sagt einem Kind nichts Gutes. Und auch das versäumte Klassenfest ist eine eindeutige Nachricht: „Mein aktuelles Projekt an der Arbeit bedeutet mir mehr als du."

Natürlich weiß ich, dass es Sachzwänge gibt und dass man als arbeitender Familienvater nun mal nicht jeden Tag zwölf Stunden Lego bauen oder den ferngesteuerten Hubschrauber fliegen lassen kann. Trotzdem solltest Du Dir zumindest klarmachen, dass Dein Kind sehr wohl registriert, welchen Stellenwert es in Deinem Leben hat. Selbst wenn Du es gar nicht so meinst. Daher kann es manchmal schon hilfreich sein, Deinem Sohn oder Deiner Tochter einfach mal in aller Ruhe zu erklären, warum Du einen bestimmten gemeinsamen Termin diesmal leider nicht wahrnehmen kannst.

Das ist schon deshalb so wichtig, weil Kinder in den ersten Lebensjahren instinktiv die Muster übernehmen, denen sie begegnen – und es wird später sehr schwer, solche Muster wieder abzulegen. Mal ein Beispiel: Wenn Du es – verständlicherweise – etwas nervig findest, dass

Dir Dein Sohn andauernd die komplette Star-Wars-Saga nacherzählen will, Dir Deine Tochter die Entstehungsgeschichte ihrer verzottelten Strickliesel-Wurst nahebringen muss oder Dir beide unbedingt von der neusten Urmel-DVD berichten wollen, dann werden Deine Kinder das merken. Und dann brauchst Du Dich nicht zu wundern, dass sie Dir später nichts mehr erzählen, wenn es um existenzielle Fragen geht. Sie haben dann als kleine Kinder gespeichert: „Eigentlich will Papi gar nichts von meinen Themen wissen." Sprich: Du musst dem kleinen Kind zuhören, wenn Du willst, dass Dir das große etwas erzählt.

Nachgewiesenermaßen lernen Kinder durch Nachahmung viel mehr als durch alle noch so pädagogischen Erziehungsprozesse. Das heißt: Wenn Du nie ein Buch liest, wird es Dir schwerfallen, Dein Kind für Literatur zu begeistern. Wenn Du nie rausgehst, wirst Du Deine Kinder kaum zu Naturliebhabern erziehen. Wenn Du oftmals pampig mit Deiner Frau sprichst, erwarte nicht, dass Deine Kinder höfliche Zeitgenossen werden. Wenn Du nicht gerne und fröhlich über Deinen Glauben und Deine Werte redest, sei nicht erstaunt, wenn Deine Kinder mit der Kirche nichts am Hut haben. Und wenn Du mit Deinem Körper nicht verantwortungsvoll umgehst, dann werden auch Deine Nachkommen mit größerer Wahrscheinlichkeit ungesunde Verhaltensweisen an den Tag legen.

In christlichen Kreisen tragen ja viele Jugendliche ein Armband mit den Buchstaben „WWJD". Diese Kombination steht für die Frage „What would Jesus do?" und erinnert daran, dass man sich im Alltag immer mal wieder fragen sollte, wie Jesus wohl in einer bestimmten Situation reagieren würde. Weil das oftmals hilft, die Dinge aus einer neuen Perspektive zu sehen. Eigentlich möchte ich Dir als Vater ein Armband mit den Buchstaben „WVML" schenken: „Was verkündet mein Leben?" Diese Frage sollte man sich in allen Lebenslagen regelmäßig stellen, in Bezug auf die Erziehung wird sie aber existenziell. Denn Kinder ahmen uns gerne nach. Sehr gerne sogar.

Übrigens lohnt es sich, diesen Zusammenhang einfach mal weiterzudenken. Ich treffe nämlich regelmäßig alte Menschen, die bitter darüber klagen, dass ihre Kinder sich so wenig um sie kümmern. Tja, und was stellt sich dann im Gespräch heraus? Diese Leute haben sich meist, als sie jünger waren, auch nicht um ihre Eltern gekümmert. Und das hat die nächste Generation einfach übernommen. Wenn ich nicht als Kind und Jugendlicher erlebe, wie bedeutend es ist, den Kontakt zu den Eltern zu pflegen, werde ich das später auch nicht tun.

Die Frage, wie man als Vater ein überzeugendes Vorbild wird, lässt sich bedauerlicherweise nicht mit einer Pauschalantwort klären, so schön das auch wäre. Deshalb kann man auch nicht einfach sagen: „So machst Du alles richtig!" Aber vielleicht helfen Dir die folgenden Hinweise, Deinen ganz eigenen und für Eure Familie stimmigen Erziehungsstil zu entwickeln.

1. Frage Dich früh, worin Du Deine Kinder starkmachen möchtest. Damit meine ich keineswegs eine Festlegung auf irgendeinen Beruf oder ein Musikinstru-

ment. Nein, es geht um Charakterzüge, die Du fördern kannst. Wenn es Dir wichtig ist, dass Dein Kind sehr selbstbewusst ist, frage Dich, wodurch Du diese Fähigkeit schulen kannst. Schreibe Dir ruhig auch mal auf, was Du Deinem Kind gerne in den „Lebensrucksack" packen möchtest, damit es auf seiner „Lebensreise" alle notwendigen Dinge mit dabei hat: Vertrauen, Lebensfreude, Mut, Verantwortung usw. Je klarer Du von einem solchen Ziel her denkst, desto konkreter wirst Du auch gute Erziehungsschritte gehen.

2. Mach die Zeit mit Deinem Kind zu einer kostbaren Zeit. Die meisten Männer haben tatsächlich nicht die Möglichkeit, unendlich viele Stunden mit ihren Kindern zu verbringen (obwohl da häufig noch was zu machen ist). Dann achte darauf, dass die Zeit, die ihr habt, mit wertvollen Dingen gefüllt wird. Natürlich ist es meist am unkompliziertesten, zusammen eine DVD zu schauen, aber ein gemeinsamer Nachmittag im „Kletterpark" oder mit dem Kanu auf einem Fluss hat nun mal eine andere Qualität. Weil die Dinge, die wir positiv miteinander erleben, die wichtigste Grundlage für eine gute Beziehung sind. Fahr auch mal allein mit einem oder mit allen Kindern weg, damit es Papa nicht nur in der Gesamtfamilie, sondern auch als direkten Ansprechpartner gibt.

3. Rede mit Deinen Kindern darüber, wie es ihnen geht. Und gib dich nicht mit einem inflationären „Gut" zu-

frieden. Kinder brauchen das Interesse ihres Vaters. Und dazu muss man bisweilen auch noch ein zweites oder drittes Mal nachhaken, sich die Mathe-Arbeit zeigen lassen oder den prämierten Aufsatz über „Mein schönstes Ferienerlebnis" lesen. Ja, der Kontakt zu Deinem Kind wird stark davon abhängen, ob Dein Sohn oder Deine Tochter Dich als jemanden erlebt, der ihr Leben teilt. Und dazu gehört auch, dass ich die Namen der drei besten Freundinnen meiner Tochter, bzw. der drei besten Freunde meines Sohnes kenne (Na, wie heißen sie?), dass ich den Frust über den Chemielehrer verstehe (Na, wie heißt der?) und dass ich nachvollziehen kann und will, warum manche Jungs ihre Hosenbünde in den Kniekehlen tragen (Na, warum?).

4. Prüfe sorgsam, warum Du Deinen Kindern etwas vermitteln willst. Es gibt nämlich auch gluckende Mütter und Überväter, die – in perverser Weise aus lauter Liebe – so klare Vorstellungen davon haben, wie ihre Kleinen werden sollen, dass diese an den Erwartungen nur zugrunde gehen können. Manche Väter erhoffen sich, dass ihre Kinder das Leben bekommen, das ihnen versagt geblieben ist. Andere verarbeiten eigene Erziehungstraumata. Und wieder andere wollen ihre Sprösslinge zu kleinen Klonen ihrer selbst machen: „Junge, Du wirst Jurist. So wie Dein Vater und Dein Großvater." Und da sind wir an einem heiklen und entscheidenden Punkt. Erziehung heißt: Sein Kind starkmachen, dass es den eigenen Weg gehen kann – nicht,

seinem Kind einen Weg aufzwingen. Darum gehört zu einem verantwortlichen Vater-Sein immer auch, dass Du genau darauf achtest, mit welcher Motivation Du Deinem Kind etwas vermittelst.

In der Bibel steht die schöne „Geschichte vom verlorenen Sohn". Jesus erzählt sie eines Tages als Gleichnis – und ich finde, dass darin einige sehr inspirierende Gedanken über das Wesen eines guten Vaters eingebunden sind. Noch einmal zur Erinnerung:

Eines Tages bittet der jüngere Sohn eines Mannes darum, vorzeitig sein Erbe zu bekommen. Er nimmt das viele Geld, geht damit in ein fremdes Land und lässt es dort so richtig krachen. Doch irgendwann ist der ganze Reichtum aufgebraucht. Und weil in dem Land zudem eine Hungersnot ausbricht, bleibt dem jungen Mann nichts anderes übrig, als sich als Schweinehirt zu verdingen – damals ein von allen verachteter Job. In seiner Not beschließt der Sohn verzweifelt, zu seinem Vater zurückzukehren. Nur, um ihn nach einer besseren Arbeit zu fragen. Und so macht er sich auf den Weg. Nun: Schon als der Vater den Sohn von Weitem sieht, rennt er ihm jubelnd entgegen und umarmt und küsst ihn. Der Sohn erklärt reumütig, dass er nur einen Aushilfsjob sucht. Doch der fröhliche Vater lässt die besten Kleider bringen, feiert ein großes Fest und setzt den Heimgekehrten wieder als Sohn ein. Was den Bruder nicht gerade freut, denn der hat ja seinen Erbteil nicht in der Fremde verprasst. Doch der Vater sagt dem Älteren: „Du hast doch immer alles bekommen, was du brauchst. Dein

Bruder aber war quasi gestorben, jetzt ist er wieder da. Wie könnte ich da anders als feiern?"

Diese Geschichte erzählt in starken Bildern davon, dass Gott wie dieser Vater ist. Ganz gleich, wie weit wir wegrennen, er nimmt uns jederzeit mit offenen Armen auf. Und darin zeigt er in vielerlei Hinsicht genau die Eigenschaften eines wahrhaft verantwortungsbewussten Erziehers:

1. Der Vater lässt sein Kind den eigenen Weg gehen. Er zahlt ihm sogar anstandslos das Erbe aus. Ja, der junge Mann darf seine Erfahrungen machen, ohne dass er von seinem Vater verurteilt oder in eine bestimmte Richtung gepuscht wird.
2. Der Vater empfängt sein Kind mit offenen Armen. Er zeigt ihm, dass sein Zuhause immer für ihn da ist. Weil es Lebensphasen gibt, in denen ich nicht fragen darf: „Kann ich meinem Kind vertrauen?" sondern vor allem klarmachen muss: „Du kannst mir vertrauen."
3. Der Vater nimmt sein Kind sofort wieder in die Familie auf – und zeigt dadurch deutlich, dass es nichts gibt, was die Liebe der Eltern zu den Kindern zerstören wird. Die Botschaft „Ich bin Dein Vater! Du bist mein Kind! Komme, was wolle!" wirkt stärker als alle Probleme.
4. Der Vater gibt seinem Kind, was es braucht. Auch wenn sich der Bruder benachteiligt fühlt, hat der Vater zu Recht deutlich gemacht: Aufgabe der Eltern ist es, dafür zu sorgen, dass die Kinder das bekommen, was sie zum Leben benötigen. Nicht mehr, aber auch nicht weniger.

Wenn Du nur ein bisschen so ein Vater wirst wie der aus der „Geschichte vom verlorenen Sohn“, dann brauchst Du Dir um Deine Kinder keine Sorgen zu machen. Dann werden sie ein festes Fundament im Leben haben und wohlgemut ihrer Wege gehen. Und diese Wege, mögen sie auch noch so verschlungen sein, werden immer wieder bei Dir vorbeiführen. Früher oder später.

Aber ich gestehe zu: Das kostet ab und an ganz schön Nerven. Neulich sagte mir ein Vater mit rauer Stimme: „Seit ich selbst Kinder habe, verstehe ich, warum manche Leute keine wollen. Ja, ich weiß jetzt sogar, warum manche Tiergattungen ihre Jungen nach der Geburt auffressen. Ist doch wahr: Zwei Jahre machst du alles, damit die Bälger endlich laufen und sprechen können – um ihnen dann sechzehn Jahre lang zu sagen: ‚Setz dich hin, halt den Mund!‘. Und wenn ich meiner Frau zuraune: ‚Wie schön, wenigstens den Verstand haben die Kinder von mir‘, dann antwortet sie nur trocken: ‚Nun, ich habe meinen ja auch behalten.‘ Da kann ich nur sagen: Erziehung ist eine wahre Herkulesaufgabe.“

Stimmt, aber selbst, wenn Du dabei immer wieder an Deine Grenzen stößt: Deine Kinder sind es wert, alles zu tun, damit sie zu reifen, lebensfähigen und fröhlichen Persönlichkeiten werden.

Brief an den Sohn

Hallo, ewiger Junior!

Es geht schon wieder ans Eingemachte. Mir wurde das deutlich, als ich vor einiger Zeit mit einem Freund zusammen in einem Café bei einem schönen Cappuccino saß und er plötzlich sagte: „Es ist doch zu blöd: Keiner bereitet uns darauf vor, was passiert, wenn die Eltern alt werden. Wenn du plötzlich entdeckst, dass du gar nicht mehr genau weißt, wie Du mit ihnen umgehen sollst."

Weißt Du es? Machst Du Dir Gedanken über Deine spezifische Rolle als Sohn? Ich hoffe, Du tust es, denn das ist ein brandaktuelles Thema. Wie gestaltet man das Verhältnis zu seinem Vater und (oder) seiner Mutter, wenn man gerade selbst mitten im Leben steht und die beiden auf einmal auch noch Ansprüche anmelden? Was ist, wenn Du Dein Verhältnis zu Deinem Vater oder Deiner Mutter gerne noch einmal grundlegend (neu) angehen würdest? Und wie macht man das liebevoll und trotzdem als klares Gegenüber – und nicht als älter gewordener Bub, als der man gerne noch gesehen und leider bisweilen auch behandelt wird?

Früher waren manche dieser Fragen durch gesellschaftliche Konventionen automatisch geregelt. Und das war nicht immer schlecht. Zu einem bestimmten Zeitpunkt übergab der Vater selbstverständlich den Hof oder das Geschäft an den Erstgeborenen und zog sich selbst aufs sogenannte „Altenteil" zurück; meist ein Häuschen in einem gewissen Abstand zum Haupthaus, aber doch so nah, dass die Großeltern jederzeit zum Babysitten oder Aushelfen im Betrieb zur Verfügung standen. Trotzdem war allen im Ort klar, wer nun der neue Chef ist – nämlich der Sohn. Das „Loslassen der Alten" und das „Übernehmen der Jungen" waren sozusagen ritualisiert und wurden von der gesamten Dorfgemeinschaft getragen.

Heute gibt es solche klaren Strukturen kaum noch. Der Sohn will das Geschäft vom Vater meist ohnehin nicht übernehmen, wohnt wahrscheinlich in einer ganz anderen Region, und ärgert sich, dass er von den Eltern keine Unterstützung beim Aufbau seines „Lebenshauses" bekommt. Vielleicht muss er zudem noch erleben, dass seine Eltern nach der Pensionierung nur noch auf Mittelmeer-Kreuzfahrten abhängen oder sich ganz dem Karnevalsverein „Die Pappnasen" hingeben. Die Lebensentwürfe der Generationen sind immer weniger verschränkt – und deshalb gibt es eben auch keine Übergabe des „Staffelholzes" vom Vater an den Sohn mehr.

Das wird spätestens dann zur (kleinen bis mittleren oder gar großen) Katastrophe, wenn die Kräfte der Eltern irgendwann doch nachlassen und die bislang ach so eigenständigen Omas und Opas plötzlich zum Pflegefall oder gar dement werden. Dann spüren mit einem Schlag alle Beteiligten, dass das Verhältnis zwischen Sohn und Eltern seit dem Auszug aus dem Kinderzimmer nicht mehr produktiv thematisiert wurde – und dass man als Mann gar nicht weiß, wie man mit seinen alt gewordenen Erzeugern kommunizieren soll.

Als Komplikation kommt oft hinzu, dass dabei in vielen Fällen noch sehr klare Konkurrenzerfahrungen mitschwingen. Du glaubst nicht, wie viele Männer mir heute noch von dem Tag berichten, an dem sie ihrem Vater drohend sagten: „Wenn Du Mama oder mich oder meine Schwester noch einmal schlägst, dann schlage ich zurück. Verstanden?" Da gab es in der Pubertät einen dramatischen Moment, in dem sich die Machtfrage auf einmal zuspitzte – leider nur ausgetragen durch Drohungen oder den Verweis auf die Körperkräfte. Andere haben weniger martialische Abnabelungsprozesse erlebt, doch die Tatsache, dass solche Beziehungskonflikte niemals aufgearbeitet wurden, lastet auf vielen Männern bleischwer.

Wie also gehst Du als Sohn gut mit Deinen Eltern um? Eine mehr als vertrackte Frage. Und wieder mal eine, bei der wir in der Postmoderne bislang auch nur wenige Modelle oder gar praktikable Vorbilder haben. Wir greifen hier mitten in ein ethisches Vakuum. Und auch wenn wir ganz zurückschauen – zum Beispiel in die Bibel, finden wir dort auf den ersten Blick eher zwiespältige Botschaften. Einerseits steht schon in der Schöpfungsgeschichte die klare Aussage: „So wird ein Mann seinen Vater und seine Mutter verlassen und bei seiner Frau sein und sie werden zusammengehören." Was ja nichts anderes bedeutet als: Es war schon vor Jahrtausenden klar, dass Kinder sich von ihren Eltern lösen und ein eigenes, selbstständiges Leben beginnen müssen.

Konkret heißt das: Wer in der Realität oder auch nur gefühlt im System der Eltern eingebunden bleibt, der schafft es nie, auf eigenen Füßen zu stehen. Und wenn manche Gattin verzweifelt beobachtet, dass ihr Gemahl sich immer noch als „Mamasöhnchen" erweist, dann liegt das meist nicht nur daran, dass die klassische „Schwiegermutter" so ein feuerspeiender Drachen wäre. Nein, der „Junge" ist nie richtig erwachsen geworden. Also, erster Grundsatz: Wirklich arbeiten kannst Du an der Beziehung zu Deinen Eltern erst, wenn Du ein eigenes Profil hast und Dich aus den alten Strukturen befreit hast.

Gleichzeitig verkünden die 10 Gebote sehr präzise: „Du sollst Vater und Mutter ehren." Wumms! Das ist schon ein eindeutiger Aufruf. Allerdings muss hier natürlich zuerst mal geklärt werden, was „ehren" eigentlich bedeutet. Und das ist eine ziemlich spannende Frage. Denn vor allem ist „ehren" ja ein sehr positiv belegtes Wort. Es bedeutet so viel wie „achten" und „würdig behandeln". Wir treffen den Sinn also keineswegs, wenn wir dahinter so etwas wie „Verpflichtung" oder gar „Unterwerfung" vermuten. Ich „ehre" meine Eltern gewiss nicht dadurch, dass ich genervt einmal die Woche einen Pflichtbesuch mit dem immer gleichen Kuchen absolviere, dass ich, muffig (wegen der Störung) meiner Mutter regelmäßig am Telefon erkläre, wie man ein „Word-DocX" öffnet, oder dass ich mich schweren Herzens für niedere Dienste wie Einkaufen, Putzen oder Behördengänge zur Verfügung stelle. Das alles könnten auch bezahlte Kräfte erledigen. Mit „ehren" hat das überhaupt nichts zu tun.

Und tatsächlich erleben wir in Deutschland in letzter Zeit sehr häufig, dass sich Töchter und Söhne von solchen belastenden „Verpflichtungen" kurzerhand freikaufen, indem sie Sozialdienste, Pflegekräfte, Lieferservices, Computer-Administratoren oder Seniorenresidenzen organisieren. Sprich: „Ehren" heißt gewiss nicht, sich für alles verantwortlich zu fühlen. Im Gegenteil: Wer sich aus reinem Pflichtgefühl für seine Eltern einsetzt, der ehrt sie gerade nicht.

Ich halte „ehren" nicht für einen administrativen, sondern vor allem für einen emotionalen Ausdruck. Und das heißt: Du solltest als Mann sehr achtsam sein, mit welchen Gefühlen und Gedanken Du Deinen Eltern begegnest. Siehst Du in ihnen diejenigen, die Dich gezeugt und aufgezogen haben? Begegnest Du ihnen mit einem inneren Respekt und tatsächlich mit Hochachtung? Ist es Dir ein Bedürfnis, ihnen Gutes zu tun? Und weil ich weiß, welch schwere Erfahrungen manche Männer mit ihren Eltern gemacht haben, füge ich noch die Frage hinzu: Kannst Du Deinen Eltern gegebenenfalls vergeben, was sie an Dir falsch gemacht haben?

Ein solcher Satz ist für einige Männer ziemlich harter Tobak. Dessen bin ich mir bewusst. Aber ich bitte Dich, wenn es Dich betrifft, das einfach mal auszuhalten. Warum? Weil es zu einem „ehrenvollen" Umgang mit den Eltern eigentlich keine Alternative gibt. Natürlich kannst Du den Kontakt zu Deinen Eltern oder zu einem Elternteil einfach abbrechen, was ja auch immer mehr Männer tun. Aber ob wir wollen oder nicht: Unser Verhältnis zu unseren Eltern prägt uns. Ja, ein Sohn, der mit seinen Eltern nichts mehr zu tun haben will, wird doch durch und durch von dieser Ablehnung bestimmt. In seiner Existenz spielt es andauernd eine Rolle, dass er *nicht* so sein will, wie seine Eltern (ihn haben wollten). Der Wind unserer Vorfahren bläst uns immer um die Nase – und es liegt an uns, ob wir ihn als Rückenwind betrachten oder hartnäckig dagegen ansegeln wollen. Wir sind auf jeden Fall geprägt von den Traditionen unserer Eltern – entweder, indem wir sie (bewusst oder unbewusst) übernehmen, oder indem wir sie ablehnen. In beiden Fällen ist es das Verhältnis zu unseren Eltern, das unser Handeln bestimmt.

„Seine Eltern ehren" heißt deshalb immer auch: Die Erfahrungen, die man gemacht hat, als „Rückenwind" zu begreifen und für sich und das eigene Leben nutzbar zu machen. Auch wenn das ab und an fast unmöglich zu sein scheint. Weil eben zu viele Männer unter den verkorksten Familienbeziehungen (gerade zu ihren Vätern) auch nach Jahrzehnten noch leiden. Und nicht nur das: Sie stellen sich selbst als erfolgreiche und etablierte Familienoberhäupter nach wie vor die Frage: „Wie sieht mich eigentlich mein Vater?"

Es gehört offensichtlich zu unserem Naturell, dass wir Männer als ersten und irgendwie auch letzten Juror unseres Lebens „Papa" vor Augen haben, dessen Ansprüchen wir genügen wollen. Klar, als wir Kinder waren, repräsentierte er (zusammen mit Mama) ja auch die ganze Welt für uns. Und die Meinung dieser „Welt“ verliert für uns eigentlich nicht an Bedeutung. Oder ist das bei Dir ganz anders? Mal ehrlich! Weil wir alle in irgendeiner Weise von der Meinung unserer Väter abhängig sind, ist es umso ärgerlicher, dass die meisten unserer „Erzieher“ in Kulturen groß geworden sind, in denen es nun mal nicht üblich war, dass der Patriarch seinen Kindern überhaupt in irgendeiner Weise Rückmeldungen gibt. Die „Blagen“ hatten zu funktionieren und den „Herrn Vater“ gefälligst nicht zu stören. Ein Zustand, der dazu geführt hat, dass zahlreiche Männer bis heute das Gefühl haben: „Der liebt mich ja gar nicht!“ Oder noch schlimmer: „Ich habe nie genügt.“

Kein Wunder: Wer nie gesagt bekommt, dass er etwas gut gemacht hat, wird den bleibenden Eindruck bekommen, er sei mangelhaft. Eine sehr schmerzhafte Erfahrung. Und das alles nur, weil „Papa“ nie gelernt hat, seine „Brut“ mal herzlich zu loben. Weil er in einer Zeit groß wurde, in der man noch nicht wusste, dass „Anerkennung“ und „Wertschätzung“ Grundbausteine für die Entwicklung eines Menschen darstellen.

Tatsächlich treffe ich viele Männer, die mir erzählen, dass sie in ihrer Kindheit und Jugend niemals irgendeine Würdigung bekommen haben. Worunter sie bis heute leiden. Und das ist wirklich ein Unding. Wir alle leben von dem Satz „Gut gemacht!“ Und wenn wir ihn niemals zu hören bekommen, dann werden wir uns ewig fragen, ob wir denn den Ansprüchen des Daseins überhaupt gewachsen sind – und was denn nun in einem Leben „richtig“ und was „falsch“ ist. Besonders verwirrt erlebe ich Männer, die später von Dritten hören, dass ihre Väter ja wohl „sehr stolz" auf ihren Jungen seien – die eine solche Aussage aber noch nie selbst aus dem Mund von „Papa" vernommen haben. Einfach, weil der nie gelernt hat, seinen Gefühlen offen Ausdruck zu verleihen.

Weil wir den Satz „Gut gemacht" brauchen, um zufrieden zu sein, um selbst unseren Weg ins Leben zu finden, verletzt es uns so, wenn wir ihn überhaupt nicht zu hören bekommen. Nur bringt es rein gar nichts, unseren Eltern deswegen zu grollen. Dadurch bekommen wir ja nicht mehr Lob. Viel sinnvoller ist es, Mutter und Vater einfach mal ganz offen anzusprechen: „Wie nimmst Du eigentlich mein Leben wahr? Ich brauche dringend eine Rückmeldung. Bitte sag mir ehrlich, was Du denkst."

Denn eines stellen Soziologen aller Couleur fest: Auch wenn der „Tyrann" als Vater zum Glück immer seltener wird, fehlen im Gegenzug überall Vaterfiguren. Wir befreien uns – zum Glück – von den fast diktatorischen „Familienoberhäuptern", suchen aber trotzdem nach Vorbildern und Leitfiguren. Nach Menschen, die an uns glauben, uns fördern und uns Orientierung geben.

Im Alten Testament wird erzählt, wie der Prophet Samuel zur Familie des Mannes Isai kommt, weil er dort den neuen König für das Volk Israel auswählen soll. Und dieser Isai präsentiert nacheinander alle seine Prachtsöhne – sieben hochgeschossene, kräftige Burschen mit einem überzeugenden Auftreten. Doch jedes Mal, wenn Samuel schon denkt: „Jo, der ist es!" sagt ihm Gott: „Vorsicht. Ein Mensch sieht, was vor Augen ist, der Herr aber sieht das Herz an."

Nun: Der Prophet versteht die Botschaft mit dem Zaunpfahl und zieht seine Segenshand wieder zurück: „Sorry, der ist es doch nicht."

Als schließlich alle Söhne vorbeimarschiert sind, bleibt Samuel ein wenig ratlos zurück. Der König soll doch aus dieser Familie stammen. Hat der Herr im Himmel zumindest behauptet. Und jetzt? Verwundert fragt Samuel den ebenfalls bedröppelten Vater: „Sind das wirklich alle deine Jungs? Gibt es nicht noch einen?" „Tja", erwidert Isai, „da wäre noch unser Nesthäkchen, der Kleine, der hütet draußen die Schafe. Aber der kann es ja wohl nicht sein." Doch Samuel besteht darauf, dass auch dieser Jüngste geholt wird. Und siehe da: Der ist es. David ist der Auserwählte. Und er wird direkt vor Ort gesalbt. Mit Gottes Hilfe sieht Samuel das Potential in diesem Jungen – seine Möglichkeiten, seine Fähigkeiten und sein Talent.

Ich bin der festen Überzeugung, dass jeder Mann einen Samuel (oder sogar mehrere) braucht. Einen weisen Berater, der ihm ins Herz sehen kann und der den „König" in ihm entdeckt. Der ihn – um im Bild zu bleiben – „auswählt und salbt". Und es wäre ideal, wenn der eigene Vater die Rolle dieses „Samuel" übernehmen würde. Das bedeutet: Falls er das nicht gelernt hat, dann sollte man ihn offen darum bitten. Notfalls auch sehr nachdrücklich.

Ja, ich würde sogar noch weitergehen: Es ist eigentlich unabdingbar, dass Du ein solches Vaterverhältnis hast. Das bedeutet: Falls Du feststellst, dass Dein leiblicher Vater nicht willig oder fähig ist, für Dich zum Samuel zu werden, dann rate ich Dir dringend, Dir anderweitig jemanden zu suchen, dem Du völlig *ver*traust und dem Du *zu*traust, dass er Dir helfen kann, Deine Persönlichkeit zu entfalten. Such Dir (D)einen Vater!

Der Umgang mit einer solchen Samuelfigur bedeutet natürlich auch, dass man sich als Mann offener Kritik aussetzen kann. Man muss sich angreifbar machen können. Aber glaube mir, das Dilemma der meisten Männer besteht nicht darin, dass sie zu oft infrage gestellt werden, sondern darin, dass es überhaupt niemanden gibt, dem sie erlauben würden, ihnen ein Feedback zu geben und ihre Handlungen auch kritsch zu betrachten. Der Satz „Ehre Deine Eltern" heißt übertragen nämlich auch: „Lass dich von erfahrenen Menschen anleiten. Höre auf diejenigen, die wissen, vor welchen Herausforderungen ein Mann bisweilen steht."

Es ist mir bewusst, dass ich den Begriff des „Vaters" und den der „Mutter" jetzt sehr weit gefasst habe. Aber einerseits denkt die Bibel in ihrer Weite und Weisheit tatsächlich weniger an genetische Verhältnisse, als an die Beziehung von einer Generation zur vorhergehenden. Andererseits weiß ich, dass es leider Vater-Sohn- und Mutter-Sohn-Konstellationen gibt, die so festgefahren sind, dass in einem solchen Brief jeder unspezifische Versuch, Lösungsansätze zu liefern, unangemessen wäre. Ich kann hier nur versuchen, Prinzipien herauszuarbeiten, die für unser Mann-Sein in Bezug auf die Rolle als „Sohn" eine Bedeutung haben.

Und da gilt es eben festzuhalten, dass ein gesundes Verhältnis zu unseren Eltern für uns als Männer lebenswichtig ist. Das zu erkennen und daran zu arbeiten, ist die würdigste Art „Vater und Mutter zu ehren". Vielleicht bedeutet das auch, dass wir bisweilen über unseren Schatten springen oder unsere Eltern mit dem konfrontieren müssen, was sich an Verletzungen, Versäumnissen und Distanzierungen in uns angesammelt hat. Aber wenn Dir das gelingt und Du dann auch noch den Mut hast, „Mama" und „Papa" in ihrer Rolle als Berater (als Samuel) zu ermutigen, dann klinkst Du Dich in eine große Geschichte ein: Frag Deinen „Samuel" einfach mal: „Wie hast Du das eigentlich damals gemacht?"

Wer so als Sohn lebt, der kann dann auch in einer stimmigen Weise mit seinen Eltern darüber nachdenken, wie diese gerne betreut würden, wenn eines Tages die körperliche oder auch die geistige Fitness nachlässt. Ja, Eltern, die sich in dieser Weise von ihren Kindern „geehrt" fühlen, entwickeln wahrscheinlich auch das nötige Vertrauen, über ihre Ängste, über den Tod oder über die dazugehörigen Verfahrensfragen zu reden. Und das erweist sich als sehr segensreich.

Ein Freund von mir litt übrigens sehr darunter, dass in seiner Jugend Körperkontakt absolut verpönt war. Er konnte sich nicht daran erinnern, dass ihn sein Vater jemals in den Arm genommen oder gar väterlich gestreichelt hätte. Dieser Abstand war für ihn vor allem deshalb so zerstörerisch, weil er selbst ein ganz herzlicher Typ ist, der seine Zuneigung immer auch durch freundlichen Körperkontakt ausdrückt. Irgendwann war es ihm dann einfach zu bunt. Er fuhr zu seinem Vater – und als der Vater die Tür öffnete, nahm er ihn einfach in den Arm.

Lange. Und wortlos. Irgendwann spürte er, dass dem Vater die Tränen herunterliefen. Vor Erleichterung. Seither ist dieses seltsame „Tabu“ gebrochen. Und mein Freund sagte mir schon mehrfach: „Gut, dass ich den ersten Schritt gewagt habe.“ Also, nichts wie ran!

Brief an den Berufstätigen

Hallo, fleißiger Arbeiter!

Das nächste Thema müsste Dir gefallen, denn über kaum etwas reden Männer so gerne und so angeregt wie über ihre Arbeit. Was sogar verständlich ist. Meist erleben wir ja unseren Arbeitsplatz als die Stelle, an der wir am ehesten bestätigt werden. Ja, da können wir erkennbar mit unseren Begabungen trumpfen. Und da finden wir präzise definierte Aufgaben vor, die wir erfolgreich bewältigen dürfen. Außerdem gibt es da im Normalfall sehr eindeutige Strukturen. Ein Umstand, der unserer zielorientierten, männlichen Mentalität sehr entgegenkommt. Ich nehme an, dass es Dir ähnlich geht.

Allerdings ist und bleibt der Beruf zugleich eine ewige Herausforderung, nicht nur, weil es vielen Männern schwerfällt, die Arbeit nicht mit nach Hause zu nehmen – und sei es im Kopf. Irgendwie haben nämlich die meisten Jobs erstaunlicherweise die Fähigkeit, uns immer mehr in Beschlag zu nehmen. Und auf einmal lassen sie uns auch im Whirlpool in der Therme, beim Einkaufen oder beim Familienausflug nicht mehr los: „Da war doch noch etwas Dringendes, an das ich denken musste!"

Zudem haben wir ja heute alle wasserdichte „Zehnband-Smart-Phones", über die wir selbst am Strand von

Gran Canaria oder beim Tauchen am Great Barrier Reef jederzeit erreichbar sind. Tja, und weil wir „Unentbehrlichkeit“ nun mal für ein besonders maskulines „Qualitätssiegel“ halten, fällt es uns eben auch zunehmend schwer, uns von der Arbeit abzunabeln. Logisch: Es ist doch klasse, wenn man jederzeit den wohligen Eindruck hat: „Ich werde gebraucht. Meine Kompetenz ist gefragt.“ Das mögen wir harten Jungs.

Doch dann lesen wir ein wenig verwirrt, dass Depressionen, Burn-out, Vereinsamung und Erschöpfungserscheinungen aufgrund von Arbeitsüberlastung als die neuen „Seuchen“ des 21. Jahrhunderts bezeichnet werden. Blöd, oder? Und eklig. Irgendwie vermuten wir zwar längst, dass die Arbeit auch in unserem Leben häufig einen viel zu hohen Stellenwert hat, schaffen es aber nicht, uns innerlich und äußerlich von den eigenen Ansprüchen als „Macher“ zu befreien. Und darunter leiden dann – schwuppdiwupp – nicht nur unsere Familien, unsere Beziehungen, unsere Gesundheit und unsere Freundschaften, nein, das gesamte Leben gerät aus dem Gleichgewicht. Und das, obwohl überall so übermütig von „Work-Life-Balance“ geredet wird. Nur, wer hat die schon? Du etwa?

Dass viele Männer bisweilen oder immer wieder Getriebene ihrer Arbeit sind, ist schon beunruhigend genug. Noch ärgerlicher ist aber, dass sie oftmals in Berufen arbeiten, die diesen übermäßigen, fast selbstzerstörerischen Einsatz möglicherweise gar nicht rechtfertigen. Ich erinnere mich in diesem Zusammenhang an eine Veranstaltung, in deren Rahmen ich die rund 400 Anwesenden öffentlich gefragt habe, ob sie denn ihren Job auch dann machen würden, wenn sie das Geld nicht bräuchten. Ja oder Nein? Sie sollten doch bitte mal ein Handzeichen geben. Was meinst Du, wie viele Männer sich da bei „Nein" gemeldet haben? Schätze mal! Es waren 60 Prozent. Ich habe keine Ahnung, ob diese Zahl repräsentativ ist, aber ich kann mir das gut vorstellen. Eventuell ist sie sogar noch wesentlich höher.

Nur: Was heißt das für unser Arbeitsleben, wenn deutlich mehr als die Hälfte aller Männer ihren Beruf keineswegs als „Berufung" erlebt – also als etwas, das man mit so viel Leidenschaft macht, dass man damit auch fortfahren würde, wenn man den berühmten Sechser im Lotto hätte, ein Vermögen erben oder die lebenslange Sofort-Rente von 6000 Euro gewinnen würde?

Es macht nämlich einen großen Unterschied, ob ich eine Tätigkeit ausübe, die ich wahrhaft „aus ganzem Herzen" machen will, oder eben nicht. Kannst Du das für Dich sagen? Ist Dein Beruf Deine Berufung? Ich meine damit übrigens nicht die Tatsache, dass es in jeder Branche bestimmte Tätigkeiten gibt, die einem zuwider sind. Glaub mir: Der Beruf, in dem Du wirklich alles magst, existiert nicht. Selbst auf den erfolgreichsten „Superstar" wartet irgendwann die Steuererklärung. Und gerade der bestens dotierte Manager sitzt allzu oft in Konferenzen, bei denen ihm die Galle hochkommt.

Dennoch gibt es eine „Grundeinstellung der Berufung", die befriedigende Empfindung: „Ja, ich bin hier am richtigen Ort. Hier kann ich mit meinen Stärken genau das tun, was mir wirklich wichtig ist." Und das sind schon essenzielle Kategorien: Ist Dein Job für Dich tatsächlich der richtige? Machst Du das, was Du am besten kannst? Darfst Du Dich darin entfalten? Hat Deine Arbeit auch ein Ziel, mit dem Du Dich voll und ganz identifizierst? Oder – um es noch einmal zu sagen –würdest Du das, was du beruflich machst, auch machen wollen, wenn Du nicht auf das Geld angewiesen wärst?

Mir ist bewusst, dass eine solche Vorstellung von Berufung ein sehr elitärer und luxuriöser Gedanke ist. Weil eine Vielzahl von Männern gar nicht die Möglichkeit hat, derart sorgfältig zu wählen. Insofern ist es auch keine Schande, seinen Job einfach als einen Broterwerb zu betrachten. Ja, ich kenne sogar einige Klasse-Typen, die mir überzeugend erklärt haben, dass sie ganz bewusst während der Arbeitszeit ordentlich viel Geld scheffeln – und dass dann direkt nach Dienstschluss ihr eigentliches Leben beginnt. Das ist weder verwerflich, noch unfein. Trotzdem wirst Du die Phänomene des Arbeitslebens, die ich jetzt mit Dir betrachten möchte, anders wahrnehmen, wenn wir von einer inneren „Berufung" ausgehen, als wenn wir über ein „notwendiges Übel" reden.

Mich jedenfalls erstaunt immer, wie unterschiedlich die Begriffe sein können, die herumschwirren, wenn Männer sich über ihre Arbeit unterhalten. Achte da mal darauf! Es lohnt sich. Reden diese Berufstätigen eher über „Erfüllung", „Zufriedenheit", „Begeisterung", „Freude", „Auswirkungen" und „Bedeutung" – oder reden sie über „Sicherheit", „Gehaltsklassen", „Karrierechancen", „Bonuszahlungen", „Verantwortung", „Evaluationen" und „Mobbing"? Oder noch anders gefragt: Welche Begriffe fallen Dir selbst eigentlich als Erstes ein, wenn Du über Deine Arbeit nachdenkst? Was bewegt Dich? Meist sagt eine solche Sammlung von Schwerpunkten nämlich schon viel darüber aus, was in deinem Berufsleben gerade so los ist.

Aber: Da sich der Arbeitsmarkt in den vergangenen zehn Jahren in Europa deutlich verändert hat, spielt die Angst in solchen Gesprächen leider eine immer größere Rolle. Da stehen auf einmal sehr reale Schreckensszenarien vor Augen. Bilder von Entlassungen, fehlenden Aufträgen, Verarmung oder Privatinsolvenzen. „Was wird, wenn ich morgen ohne Arbeit dastehe? Wie geht es dann weiter? Mit mir und der Familie?"

Der zunehmende Druck, den viele Männer durch die skeptischen Meldungen der Wirtschaftsinstitute empfinden, macht es natürlich nicht leichter, nach den erfüllenden Aspekten des Berufslebens zu fragen. Ja, mit diesen Unsicherheiten umzugehen, ist eine gewaltige Herausforderung, der wir Arbeitnehmer uns zunehmend stellen müssen – ein Zwang, der viele Männer regelrecht wütend macht. Etwa dann, wenn der amerikanische Mutterkonzern eines Industriezweigs entscheidet, den deutschen Standort zu schließen, bei dem ich mit mehreren Tausend Mitarbeitern beschäftigt bin. Denn das hat ja mit meiner Kompetenz und meinem Einsatz überhaupt nichts mehr zu tun. Und nur wenig ist für Männer tragischer als das Gefühl, ohnmächtig zu sein.

Darum solltest Du vor allem fragen, wie Du eine solche Ohnmacht vermeiden kannst, wie Du Dich vor dem Frust im Beruf schützen kannst und wie Du eine lebensfördernde Einstellung zu Deinem Job bekommst. Ich selbst halte mich da gerne an den bekannten Satz Jesu: „Sorge Dich nicht um morgen, der morgige Tag wird für das Seine sorgen. Es ist genug, dass jeder Tag seine kleine Sorge hat.“ Dahintersteckt für mich erst einmal die erstaunliche Erfahrung, dass übermäßige Sorgen noch nie etwas zum Besseren gewendet haben. Oder kennst Du jemanden, der seinen Job nur deshalb behalten hätte, weil er andauernd von Sorgen gebeutelt gewesen wäre? Ich nicht. Sorgen sind von ihrem Wesen her destruktiv. Sie verunsichern uns und beschleunigen einen Niedergang nur.

Das Gegenstück zur Sorge ist deshalb die „Achtsamkeit“. Du solltest sorgfältig beobachten, ob und wie Dein Arbeitsleben gefährdet ist – und dann produktiv darüber nachdenken, wie und ob Du etwas verändern kannst. Das meine ich mit Achtsamkeit. Wer lernt, sich von Sorgen nicht beherrschen zu lassen, der muss deswegen nicht naiv oder unbedarft ans Leben herangehen. Er soll natürlich wach bleiben. Aber mit Zuversicht.

Wie schon in den Briefen zu Beginn unserer Brieffreundschaft geht es auch bei deinem Verhältnis zur Arbeit im Kern um die Frage, welche Macht Du Deinem Job gibst. Konkret heißt das: Wenn Du Dich über die Resultate und Ergebnisse in Deinem Beruf identifizierst, wirst du ganz schnell abhängig werden: vom Erreichen von Zielvereinbarungen, von Soll-Zahlen und von Quartalsabrechnungen. Dann bist Du ein traumatisierter Mensch, der letztlich fremdgesteuert ist und sich von einem Jäger längst zu einem Gejagten entwickelt hat. Und wenn Dir keiner im Nacken sitzt, der Dich erledigen will, dann jagst Du selbst den Erfolgen hinterher – und bist damit ein williges Opfer für das Spiel mit der Angst, das manche Vorgesetzte gerne mit ihren Angestellten spielen. Oder noch schlimmer: Wenn Du freiberuflich arbeitest, dann spielst Du dieses Spiel, ehe Du Dich versiehst, mit Dir selbst.

Ein Freund, der sich vor einigen Jahren selbstständig gemacht hat, erklärte mir kürzlich beim Rotwein, er empfinde sich immer mehr als „Hure des Marktes". Ja, es sei doch kein großer Unterschied, ob jemand seinen Körper oder seine Arbeitskraft verkaufe: „Hauptsache, ein Kunde kommt und bezahlt für die Dienstleistung." Und man mache doch eh fast alles mit, wenn es nur gut genug honoriert würde. „Hure des Marktes" – das ist kein appetitliches Bild. Aber genau so empfinden sich immer mehr Männer. Sie geben sich hin, damit die Kasse stimmt. Und auch, wenn ich mit den Gewerkschaften nicht immer einer Meinung bin, stimme ich sofort zu, dass wir in Europa wieder eine Arbeitskultur brauchen, in der ein Mann als Leistungsträger wieder öffentlich gewürdigt wird, in der man sich gemeinsam darüber freut, dass jemand gerne arbeitet und in der ein Individuum eben nicht nur als „Humankapital" betrachtet wird.

Ob wir uns als „Hure des Marktes" empfinden, hat gleichermaßen mit unserer grundsätzlichen Einstellung zur Arbeitswelt zu tun. Und wie. Möglicherweise kennst

Du ja schon die kleine, charmante Geschichte, die ich Dir dazu erzählen möchte und die anschaulich macht, worum es mir geht.

Die Geschichte handelt von einem neugierigen Besucher, der drei Steinmetze auf einer Baustelle beobachtet und sie dann freundlich fragt, was sie denn da tun. Der Erste antwortet müde: „Das siehst du doch. Ich haue Steine." Der Zweite sagt brummig: „Ei, ich verdiene hier meinen Lebensunterhalt." Der Dritte aber strahlt und erwidert: „Was ich hier mache? Ich baue eine Kathedrale."

Ich liebe diese Geschichte. Weil sie ein Grundgeheimnis des Arbeitslebens offenbart: Alle drei Männer machen faktisch das Gleiche: Steine klopfen. Und doch sieht der dritte Steinmetz in dem, was er tut, einen höheren Sinn. Während die ersten beiden Handwerker nur stupide und notgedrungen ihre Arbeitsstunden herunterreißen, erkennt der „Kathedralenbauer" die größeren Zusammenhänge in seinem Tun. Für ihn ist klar: Sein enormer Einsatz schafft Werte. Sein Schweiß lohnt sich. Seine Arbeit verändert die Welt.

Ich bin der festen Überzeugung, dass wir zufriedener und fröhlicher arbeiten, wenn wir unsere persönliche „Kathedrale" vor Augen haben. Wobei es manchmal gar nicht so leicht ist, eindeutig zu benennen, welchen konkreten Wert ein bestimmter Beruf für die Welt hat. Aber genau das solltest Du mal für Dich herausfinden: Was ist Deine „Kathedrale"?

Was trägt Deine (Arbeits-)Leistung zur Gesellschaft bei? Wer das von sich sagen kann, der wird nicht einfach ausgenutzt, der entwickelt sich zu einem „Teilhaber“ an einer Idee oder einer Aufgabe, selbst wenn er in einem abhängigen Lohnverhältnis steht. Und so ein Mann wird auch in einem Bewerbungsgespräch deutlich erklären, dass er nicht nur einen Job sucht, sondern ideale Gestaltungsmöglichkeiten. Ja, er wird sogar auf einen besseren Job warten, wenn er den Eindruck hat, dass man ihn irgendwo nur als Steineklopfer will. So jemand ist dann eben keine „Hure des Marktes“.

Zusammengefasst kann man sagen: Dass jemand im klassischen Verständnis des Berufes zu etwas „berufen“ ist, bedeutet nicht, dass er *andere Dinge* macht, sondern dass er die *Dinge anders* macht. Nämlich mit dem Gefühl eines Auftrags, mit dem Bewusstsein von Verantwortung und mit der Hingabe eines Liebenden. Und so jemand wird gewiss auch nicht in die „Innere Emigration“ gehen, die angeblich in der Arbeitswelt immer mehr zunimmt. „Kathedralenbauer“, die sich fragen, was von ihrem Schaffen bleibt, erleben echte Selbst-Verwirklichung.

Erst, wenn ich weiß, was ich in der Welt bewegen will, kann ich sagen, ob ich beruflich an der richtigen Stelle bin. Erst, wenn ich für mich geklärt habe, was für mein Handeln wesentlich ist, habe ich einen Wertekanon, mit dem ich die Qualität meines Berufslebens messen kann. Diese Prüfung solltest du regelmäßig durchführen, damit du eben nicht irgendwann dasitzt, Dir das Midlife-Crisis-Mäntelchen umhängst und sagst: „Das ist doch alles Kacke, was ich mache.“ Und wenn Du feststellst, dass Deine Tätigkeit mit Deiner persönlichen „Kathedrale“ nichts mehr zu tun hat, dann schau Dich mutig nach einer neuen „Baustelle“ um.

Aber Achtung! Auch wenn die leidenschaftlich Berufstätigen sich selten von der Sorge um ihre Arbeit beherrschen lassen, laufen sie genauso Gefahr, sich zu überfordern. Dann eben nicht aus Angst zu versagen, sondern aus Übermut. Insofern musst Du unabhängig von Deiner Arbeitseinstellung für Dich und mit Deiner Familie klären, welchen Stellenwert die Arbeit in eurem „System“ haben sollte. Und höre dabei genau hin, was Deine Frau und Deine Kinder sagen. Denn mit keinem Satz lügen sich Männer jämmerlicher in die Tasche als mit „Ich mach das doch alles für meine Familie.“ Pustekuchen! Frag Deine Familie erst mal, ob sie nicht bereit wären, auf manchen Firlefanz zu verzichten, wenn Papa dafür nicht jeden Abend erst nach 22 Uhr nach Hause kommen würde.

Prüfe kritisch, wie viel Raum die Arbeit in Deinem Leben einnehmen darf. Und ob Du ihr so viel Zeit zubilligst, dass Du selbst darunter leidest. Wenn Du der Überzeugung bist, dass Dein Job die „Nummer eins“ in Deinem Leben ist, ist das ja in Ordnung. Wenn Du aber andauernd behauptest, Deine Frau und die Kinder stünden oben, dann darfst Du Deiner Arbeit nicht die Macht geben, Dein Verhältnis zu Deiner Familie systematisch zu zerstören. Die Bedeutung des „Stellenwerts von Arbeit“ hat letztlich mit Verantwortung zu tun. Und Du musst sorgfältig klären, welche Verantwortung Du für welchen Bereich Deines Lebens übernehmen willst.

Das gilt übrigens auch – und diesmal schließe ich meinen Brief mit einem äußerst leidigen Bereich des Mann-Seins – für unseren Einsatz bei den häuslichen Tätigkeiten. Die Frage ist nämlich nicht, ob Du zweimal oder fünfmal die Woche den Müll rausbringst. Es ist auch völlig egal, ob Du (viel besser als es eure Väter je gemacht haben) als Mann bereitwillig den einen oder anderen Dienst in der Küche übernimmst („Jeden Mittwoch kocht Papa! Dann gibt es Nudeln mit Würstchengulasch!"). Ja, ich kenne Paare, die sich regelmäßig stundenlang hinsetzen und „Dienstpläne" und „Putzordnungen" erstellen, damit der Mann auch ja weiß, welchen Anteil er an der Hausarbeit zu leisten hat. Nur geht es darum überhaupt nicht. Gefragt ist nicht der unterwürfige „Hausknecht".

Nein, Du musst für Dich klären: Bin ich bereit, mehr Verantwortung für unseren Haushalt zu übernehmen? Empfindest Du es als Teil Deines Mann-Seins, die Familie auch im alltäglichen und banalsten Putzwahnsinn zu unterstützen? Kümmerst Du Dich von Dir aus um die zahllosen Belange? Oder übernimmst Du halt wohl oder übel, wenn's denn sein muss, auch mal irgendeine Drecksarbeit, damit Deine Frau Dich nicht wieder in Grund und Boden nörgelt?

Natürlich kannst Du mit Deiner Liebsten klären, dass sie zu Hause bleibt und für alles zuständig ist. Ich erlebe aber, dass Frauen, die auch gerne arbeiten möchten, vor allem darunter leiden, dass ihr Mann wie selbstverständlich davon ausgeht, dass die berufstätige Gattin trotzdem weiter die alleinige Verantwortung für den Haushalt, die

Kinder und die Organisation des Familiensystems hat. Da kommen wir Männer bei allem Fortschritt doch nicht so schnell aus den alten Mustern raus. Welche Verantwortung für das Haus willst Du übernehmen? Das ist die Frage.

Trotz alledem gilt: Wenn du morgens aufwachst und denkst: „Ich freue mich auf meine Arbeit", und wenn Du beim Arbeiten denkst: „Ich freue mich auf meine Familie", dann bist Du dem, was „Work-Life-Balance" meint, schon ganz nah. Und dann wirst Du auch darauf achten, dass nicht eines dem anderen Schaden zufügt, sondern dass beide Lebensbereiche einander befruchten und ergänzen.

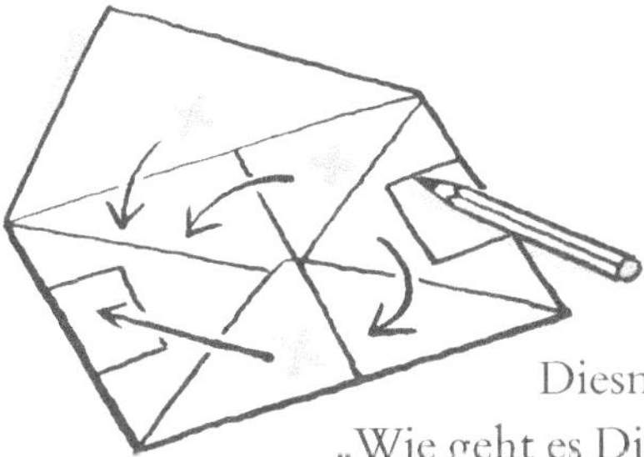

Brief an den Sportler

Hallo, fittes Muskelpaket!

Diesmal ist die Begrüßungsformel „Wie geht es Dir?" ziemlich konkret gemeint. Oder anders gefragt: Hast Du heute schon gejoggt? 30 Liegestütze gemacht? Oder auf dem Hometrainer einen kleinen Spurt hingelegt? Kommst Du bei den Bürotreppen direkt ins Schwitzen oder nimmst Du wie ein Siebzehnjähriger auf dem Weg zur Liebsten immer vier Stufen auf einmal? Hast Du auch „Rücken" oder liebst Du es, Dich mit gestreckten Beinen an den Fußsohlen zu kraulen? Freust Du Dich über das, was Du im großen Badezimmerspiegel siehst – oder deckst Du lieber den Bademantel des Schweigens über diesen ausufernden Anblick?

Du merkst, es geht mir in diesem Brief weniger darum, ob Du ab und an im Urlaub mal ein Surfbrett ausleihst, einen tollkühnen Bungee-Sprung absolvierst, einen lässigen Panorama-Weg entlangwanderst oder im Winter eine Woche Ski fährst – mir geht es darum, ob Du mit Deinem Körper insgesamt zufrieden bist. Ob Du sorgsam mit ihm umgehst – oder ob Du zu denen gehörst, die es einfach nicht schaffen, ihr Gewicht zu halten oder auch nur halbwegs kontinuierlich etwas Bewegung in ihr Leben zu bringen. Das heißt vor allem: regelmäßig.

Sagen wir doch, wie es ist: Die meisten Männer gehen ungern auf die Waage – und wenn die Krankenschwester sie bei einer Routinekontrolle dazu auffordert, erwähnen sie gerne, dass sie heute ganz besonders gewichtige Kleider anhaben. Oder sind es bei Dir auch die Knochen? Das Argument höre ich nämlich auch immer wieder: „Ich hab halt schwere Knochen. Vermutlich Metalleinlagerungen. Das viele Blei im Essen." Nach dem Krieg ging das ja noch durch („Schrapnell-Splitter") – aber heute?

Nun gibt es ja tatsächlich Männer, die schon zunehmen, wenn sie nur das Fettgedruckte in der Zeitung lesen. Aber wenn der Arzt sagt: „Dann machen Sie eben mal ein bisschen mehr Sport!", dann nicken die spröden Adipösen nur betreten und melden sich umgehend für ein Schweinegeld in einem Fitness-Studio an – das sie dann aber nur ein einziges Mal besuchen. Na gut, vielleicht zweimal. Aber nur kurz. Trotzdem erzählen sie stolz überall rum: „Ich gehe jetzt auch ins Fitness-Center. Muskelaufbau und so. Wartet's nur ab."

Kein Thema ist so gnadenlos wie der Sport. Nicht, weil darin so viel gedopt, gemobbt und gekämpft würde, sondern weil Dein Umgang mit Deiner irdischen Hülle ganz viel über Deine Selbstwahrnehmung verrät. Und das beziehe ich jetzt nicht nur auf den Sport. Es mag banal klingen, aber wer übermäßig trinkt, zu viel oder das Falsche isst, Kette raucht, sich zu wenig bewegt und andauernd die Vorsorgeuntersuchungen vergisst, sagt damit ja sehr deutlich, dass er sich selbst nicht viel wert ist. Zumindest nicht so viel, dass er bereit wäre, dafür irgendeinen Einsatz zu bringen.

Offensichtlich reden wir uns gerne und höchst professionell ein, dass die allgemeinen Regeln der Logik und die Erkenntnisse der Wissenschaft ausgerechnet bei uns wahrscheinlich nicht eintreten werden. Ja, wir wissen alle, dass zu viel Fastfood krank macht, Rauchen die Lunge zerstört, Alkohol die Leber zerfrisst – und eben auch, dass mangelnde Bewegung zahlreiche schmerzhafte Folgen haben kann. Aber es scheint einen Mechanismus zu geben, der uns sagt: „Bei mir wird schon nichts passieren! Ich stehe da irgendwie drüber. Ich werde der erste Mensch der Welt sein, der trotz Raubbaus an seinem Körper allezeit wie ein Adonis daherkommt."

Und das ist auch wieder mal typisch „Mann". Wir lösen die Probleme erst dann, wenn sie wirklich da sind. Warum sollten wir uns um ein Problem kümmern, das es noch gar nicht gibt? Ja, so sind wir! Und deshalb können wir das Wort „Prophylaxe" weder schreiben noch nachvollziehen. Nur: Wenn dann der Bandscheibenvorfall kommt oder die Wampe immer mehr über dem Hosenbund hängt und wir feststellen, dass uns die kleinen Kinder auf der Straße nicht mehr „Asterix", sondern „Obelix" hinterherrufen, dann fallen wir sofort ins andere Extrem. Ja, ich kenne nicht einen, sondern rund ein Dutzend Männer um die 40, die auf einmal die verwegene Eingebung hatten, sie müssten in ihrem Leben doch noch mal einen Marathon laufen. Und zwar sofort.

Tja, und dann haben die lostrainiert wie die Berserker. Vorher außer Chips-Heben und Bier-Stemmen nie was gemacht, jetzt aber in die Vollen. An sich ist das ja super.

Ich mag Menschen, die Ehrgeiz entwickeln. Nur zeugt ein falsch angepacktes Marathon-Projekt wenig von einem besonders verantwortungsvollen Umgang mit dem eigenen Körper. Das ist Zerstörung auf sportliche Art.

Das Letzte, was ich will und kann, ist Dir in diesem Brief ins Gewissen pinkeln. Wenn Du mit Deinem körperlichen Zustand haderst, bist Du wahrscheinlich ohnehin unzufrieden. Deshalb gibt es von mir hier auch keinen Trainingsplan, keine Diätrezepte und keine Sammlung von Fitness-Tipps. Ich bin nämlich der Überzeugung, dass Du als Mann irgendwann einen Schalter in Deinem Kopf umlegen musst – von „egal" auf „zuständig". Ja, Du bist dafür „zuständig", dass es Deinem Körper gut geht. Und das bedeutet auch, dass Du in Fahrt kommen musst, selbst wenn Du Joggen todlangweilig und Dehnübungen widerwärtig findest. Glaube mir: Manchmal genügt ein kurzes Nachdenken, und Du entdeckst eine interessante Sportart, die fit hält und trotzdem Spaß macht.

Ausschlaggebend ist nicht, was und wie Du trainierst, sondern die Einstellung. Mich motiviert da immer ein Gedanke des Apostels Paulus, der im Korintherbrief sagt: „Weißt Du nicht, dass Dein Körper ein Tempel des Heiligen Geistes ist, den ihr von Gott habt?" Das halte ich für einen sehr starken Satz. Denn wer seinen Körper wie einen Tempel behandelt, den es zu achten und zu pflegen gilt, weil darin Heiliges geschieht, der scheut sich auch nicht, Liegestütze zu machen.

Wenn wir schon bei Paulus sind: Der Mann hat noch einiges mehr über den Sport gesagt. Dinge, die ich so klug finde, dass ich sie Dir gerne mitgeben möchte. Paulus, der große Glaubensreisende, lebte im Jahr 50 in Korinth – der damals größten Stadt in Griechenland, einer aufstrebenden Metropole. Und die rasante Entwicklung von Korinth hatte vor allem einen Grund: Dort fanden regelmäßig die Isthmischen Spiele statt – Wettkämpfe, die damals wesentlich berühmter waren als die Olympischen Spiele.

Nun: Gerade als Paulus nach Korinth kam, wurden sie wieder ausgerichtet. Und weil dabei auch Städte und Regionen gegeneinander antraten, war vieles genau so wie heute: Tausende von Fans aus verschiedenen Provinzen waren angereist. In der City gab es eine lange Fan-Meile. Und durch die Fußgängerzone zogen die Scharen. Ja, Korinth hatte schon vor 2000 Jahren eine mit Marmor ausgekleidete Innenstadt mit Einkaufszentren, Hotels und Restaurants.

Nebenbei: Deshalb fand Paulus in Korinth auch sofort Arbeit. Der Mann hatte ja Zeltmacher gelernt. Und wo übernachteten angereiste Fans in der Antike? Na, in Zelten. Kein Wunder, dass der Apostel so richtig viel zu tun hatte. Also, versuchen wir mal, uns das vorzustellen: Sommer im Jahr 50. Tausende von Fans in und um Korinth. Die Hügel voller Zelte. Und alle reden über Sport: „Wer wird gewinnen? Welche Stadt holt die meisten Siegerpreise. Zu wem hältst du?“

Wobei ich noch kurz erwähnen muss: Bei den Isthmischen Spielen ging es immer um ganzheitliche Gesundheit. Nicht nur um durchtrainierte Körper, sondern auch um sportliche Seelen. Deshalb fanden neben den Sportwettkämpfen in der Innenstadt und im Stadion auch noch Wettkämpfe für Dichter, Musiker und Philosophen statt. Wer ist der Beste? Und nun nutzt Paulus die Welt dieser Wettkämpfe als Bild, um zu einer gesunden Lebenseinstellung zu ermutigen. Er schreibt: *Ihr wisst doch, dass an einem Wettkampf viele teilnehmen; aber nur einer bekommt den Preis, den Siegeskranz. Darum lauft so, dass ihr den Kranz gewinnt. Alle, die an einem Wettkampf teilnehmen wollen, nehmen harte Einschränkungen auf sich. Sie tun es für einen Siegeskranz, der vergeht. Aber auf uns wartet ein Siegeskranz, der unvergänglich ist. Darum laufe ich wie einer, der das Ziel erreichen will. Darum kämpfe ich wie ein Faustkämpfer, der nicht daneben schlägt.* (1. Korinther 9, 24-26a)

Im Grunde sagt Paulus: „Hallo, Ihr Männer. Ihr könnt vom Sport etwas für euer Leben lernen." Schauen wir uns das mal genauer an:

1. Leben heißt: laufen

Ihr wisst doch, dass an einem Wettkampf viele teilnehmen; aber nur einer bekommt den Preis, den Siegeskranz. Darum lauft so, dass ihr den Kranz gewinnt. Offensichtlich gab es schon damals beim Sport eine Menge Couch-Kartoffeln, die zwar viel geschwätzt haben, aber den Hintern nicht hochbekamen. In der Kirche, in Parteien und in Sportvereinen spricht man da lässig von „Passiven Mitgliedern". Und genau denen macht Paulus klar: „Passives Mitglied zu sein ist zu wenig." Gewinnen kann im Leben nur derjenige, der auch antritt, der trainiert, der dabei ist.

Wenn Du im Sportverein nie mitmachst, dann kriegst du auch nie einen Preis. Und wenn Du beim Leben nie richtig mitmachst, dann verpasst du vielleicht das Allerbeste. Beim Sport wie beim Leben gilt: „Zugucken ist zu wenig." Lauf so, dass Du den Kranz gewinnst. Übertragen könnte man das vielleicht so sagen: Steck Dir herausfordernde Ziele und dann versuch, sie zu erreichen: leidenschaftlich, engagiert und intensiv!

2. Leben heißt: bewusst planen

Ja, natürlich ist so ein Vorgehen anstrengend. Darum schreibt Paulus ja auch: *Alle, die an einem Wettkampf teilnehmen wollen, nehmen harte Einschränkungen auf sich.* Weder Sport noch Leben sind immer ein Zuckerschlecken. Aber genau dann muss man dranbleiben. Wer einen Wettkampf gewinnen will, der trainiert und achtet auf sich. Es geht hier also nicht um irgendwelche Kasteiungen oder Selbsterniedrigungen. Glaubende nehmen die 10 Gebote doch auch nicht deshalb ernst, weil sich das so gehört, sondern weil diese sie stark fürs Leben machen. Wenn das Ziel klar ist, dann nehme ich auch Mühen auf dem Weg in Kauf.

Wie jeder gute Sportler solltest Du Dich als Mann fragen: Was lässt mich verlieren, was lässt mich gewinnen! Was brauche ich, damit ich den Wettkampf gut bestehe? Und genau das gilt – findet Paulus – auch für das Leben. Wir müssen uns immer wieder fragen: Welche Dinge, die ich mache, tun mir gut? Und welche tun mir nicht gut? Und wenn ich merke, dass mir etwas nicht guttut, dann lass ich es, weil mich in diesem Fall das Verzichten vorwärtsbringt.

3. Leben heißt: professionell trainieren

Ein richtig fitter Sportler wird man eigentlich nur dann, wenn man einen guten Trainer hat. Jemanden, der einem hilft, das Beste aus sich herauszuholen. Das klingt zunächst wie eine Binsenweisheit: „Gute Sportler brauchen gute Trainer." Nur: Warum sollte das nicht auch für das Leben gelten? Und da würde ich mit Paulus gerne fragen: Wer trainiert uns eigentlich für das Leben? Natürlich fallen uns da sofort einige Personen ein: Eltern, Kindergärtnerinnen, Lehrer, Professoren, Ausbilder usw. Nur endet deren Job meist, wenn wir Mitte 20 sind – und ob die auch alle unsere Persönlichkeit trainieren, sei noch dahingestellt.

Wer sich von der Sportwelt anregen lassen will, der wird auch überlegen: Wer trainiert mich eigentlich für die Ehe, für den Arbeitsplatz, für die Kindererziehung oder für das Alter? Wir brauchen in diesen Disziplinen bestimmt nicht weniger Unterstützung als beim Kugelstoßen oder Skispringen. Das heißt: Überlege Dir mal, wen Du Dir als Trainer, oder sagen wir lieber, als Berater, Unterstützer, Förderer – suchen kannst, der Dir hilft, Dein Leben zu trainieren.

4. Leben heißt: das richtige Ziel erkennen

Die Sportler tun das für einen Siegeskranz, der vergeht. Aber auf uns wartet ein Siegeskranz, der unvergänglich ist. Paulus will hier garantiert nicht den Sport abwerten. Aber er macht deutlich: Sport ist nur eine Facette des Daseins. Und wenn einer am Ende seines Lebens sagen würde: „Ja, ich habe 134 Medaillen gewonnen, aber ich habe meine Beziehungen nicht auf die Reihe gekriegt, einen öden Job gemacht und so richtig glücklich war ich auch nie", dann würde jeder sagen: „Schade!"

Sportliche Erfolge sind großartig. Aber wir müssen irgendwann für uns herausfinden: Wann ist ein Leben großartig? Wofür lohnt es sich, die eigene Existenz zu trainieren? Dabei ist für Paulus eines ganz klar: Seiner Meinung nach hat die Antwort auf diese Fragen immer mit Gott zu tun. Weil ein Mensch, der seine Beziehung zu Gott trainiert, nicht nur der Sinnfrage auf die Spur kommt, sondern auch ahnt, dass es letztlich in einem gelungenen Dasein um Ziele geht, die größer sind als unser einzelnes Leben, Ziele, die bis in die Ewigkeit reichen.

5. Leben heißt: das Ziel erreichen wollen

Darum laufe ich wie einer, der das Ziel erreichen will. Darum kämpfe ich wie ein Faustkämpfer, der nicht daneben schlägt. Irgendwann entscheidet sich jede Sportlerin und jeder Sportler für eine Kernsportart, weil klar wird: „Darin bin ich richtig gut." Und dann wird kräftig trainiert. Paulus sagt: Im Leben ist das genauso. Finde heraus, was dein Lebensziel ist, und dann trainiere kräftig. Täglich. Zielorientiert. Das Problem ist: Beim Sport gibt es Wettkämpfe, in denen wir uns messen und unseren aktuellen Stand erkennen können. Im Leben ist das schwieriger, weil der Alltag uns meist zu sehr in Beschlag nimmt.

Deshalb solltest Du Dir öfter mal Zeit nehmen und fragen: Wie ist denn mein aktueller Lebens- und Trainingsstand? Bin ich so glücklich, wie ich sein könnte? Ist mein Glaube so stark, wie er sein könnte? Bin ich meinem Ziel ein Stück näher gekommen oder nicht?

Paulus nutzt dazu das brachiale Bild des Boxers und sagt: *Darum kämpfe ich wie ein Faustkämpfer, der nicht daneben schlägt.* Sprich: „Ich will meine Lebensenergie nicht dafür verschwenden, dass ich danebenhaue – irgendwelche überflüssigen, sinnlosen Dinge tue. Ich möchte so leben, dass jeder Schlag, den ich mache, ein Treffer ist. Ich will effizient leben. Meine Energie will ich gekonnt und im richtigen Augenblick einsetzen. Ich finde spannend, dass man das Leben mit sportlicher Systematik, die immer auch ein ganzes Stück geistiger Arbeit ist, vergleichen kann. Leben wir so, dass unsere Taten unseren Traum erkennbar voranbringen?

Erfüllt leben bedeutet dabei für Paulus vor allem, über sich hinauszuschauen. Größere Perspektiven einnehmen. Für den Apostel sind das die segensreichen Perspektiven Gottes. Weil wir Menschen eben ganz schnell in stereotypische Muster verfallen, die uns nicht voranbringen. Oder – um in der Sprache des sportlichen Gleichnisses zu bleiben: Wer immer die gleichen Trainingsmethoden benutzt, schadet sich. Weil wir in allen Bereichen des Daseins betriebsblind werden können. Wir geraten allzu leicht in den Sog der

Gewohnheit und richten uns gerne in einer „Komfortzone“ ein, die zwar bequem ist, die uns aber nicht mehr voranbringt und unseren Blick massiv verengt.

Du ahnst vielleicht gar nicht, wie schnell es passieren kann, dass ein Mann nicht mehr zielorientiert lebt, sondern sich in falschen Lebensmustern verfängt. Dazu habe ich kürzlich einen spannenden Artikel über ein psychologisches Experiment gelesen, das mich hat hellhörig werden lassen: Forscher gaben in einer großen Gruppe von Versuchspersonen jeder Frau und jedem Mann eine Zeitung in die Hand und baten: „Bitte sagt uns, wie viele Bilder in dieser Zeitung abgedruckt sind.“ Sofort fingen alle Probanden an, wie die Wilden die Bilder zu zählen. Es waren übrigens 43.

Der Clou des Experimentes bestand nun darin: Auf Seite 2 der Zeitung prangte in riesigen Buchstaben die Schlagzeile: „Du kannst aufhören zu zählen, es sind 43 Bilder.“ Und auf Seite 5 stand der gleiche Satz. Und auf Seite 8 und auf Seite 10 usw. Die Zeitung war voller Hinweise: „Zähl nicht. Es sind 43 Bilder!“ Und alle – bis auf ganz wenige – haben einfach nur gezählt. Sie haben sehr viel Zeit damit verbracht, etwas herauszufinden, was eigentlich ganz offensichtlich war. Aber weil sie quasi mit inneren Scheuklappen vorgingen, kamen sie nicht effektiv ans Ziel. Ihr Handeln funktionierte nach einem eingefahrenen Muster – und ließ sie das Wesentliche übersehen.

Ich glaube, dass es mit dem, was ein Leben bedeutsam macht, ganz ähnlich ist. Die Spuren des Wesentlichen sind, bildlich gesprochen, in Großbuchstaben in der Welt verteilt, aber weil wir so gerne die kleinen Erfolge zählen – „Ah, schon wieder ein Bild. Und da ist ja noch eins. Was bin ich für ein guter Zähler!“ – nehmen wir das Entscheidende gar nicht wahr.

Wenn Paulus seine Leserinnen und Leser einlädt, das Leben gut zu trainieren, dann meint er damit vor allem: Entdeckt die Spuren Gottes in Eurem Leben. Sie sind riesig. Und sie führen zum Ziel. Zu einem Dasein, das einen Siegerkranz verdient. Dazu braucht es aber einen weiten Blick, der nicht nur die bunten Bilder, sondern auch die großen Überschriften der menschlichen Existenz entdeckt. Die Schlagzeilen der Liebe. Die Worte des Lebens.

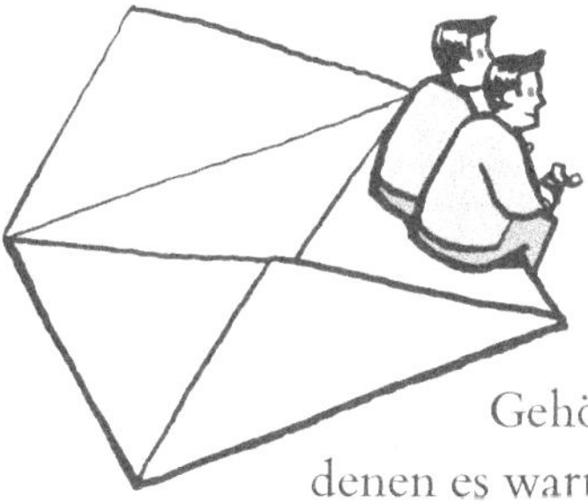

Brief an den Freund

Hallo, mein „Blutsbruder"!

Gehörst Du auch zu den Menschen, denen es warm und wohlig den Rücken herunterläuft, wenn in einem Film mal wieder zwei echte Männer zusammen durch dick und dünn gehen? Ich meine: Was wäre Old Shatterhand ohne Winnetou? Was wäre Tom Sawyer ohne Huckleberry Finn? Was wäre Pat ohne Patachon? Ja, selbst ein magischer Superheld wie Harry Potter hätte schon ein halbes Dutzend Mal im Kampf gegen Voldemorts Kreaturen elendig den Löffel abgegeben, hätte er nicht Ron und Hermine an seiner Seite gehabt.

Freundschaften, gerade Männer-Freundschaften, sind ein unermesslicher Schatz. Wahrscheinlich hat deshalb Bonifatius, der Missionar der Deutschen, schon vor zwölfhundert Jahren verkündet: „Glücklich ist der Mann, der einen Freund gefunden hat, mit dem er reden kann wie mit sich selbst." Ja, Freundschaften machen glücklich. Und ich würde mit Dir in diesem Brief gerne mal einen Moment innehalten und schauen, welche Rolle Freundschaften in Deinem Leben spielen und wie Du sie pflegen kannst.

Männer-Freundschaften sind schon deshalb etwas Besonderes, weil sie ein instinktives Verhaltensmuster harter Jungs durchbrechen – nämlich das leidige Wettbewerbsdenken. Wir Männer sind oft völlig darauf fixiert, im Vergleich mit anderen Männern besser dazustehen. Vielleicht hat deshalb ein kluger Denker mal gesagt: „Der Vergleich ist der Anfang aller Sünde."

Ist doch wahr. Andauernd überlegen wir uns: Wer hat das schnellere Auto, das schönere Haus und den größeren „Willi". Weißt Du, warum es normalerweise in Geschäften nur eine Kondomgröße gibt? Ganz einfach: Weil kein Mann mit einem Rest Selbstachtung in eine Apotheke gehen wird, um eine „Packung kleiner Kondome" zu kaufen. Angeblich hat man in Indonesien sogar überlegt, ob man nicht drei Kondomgrößen anbieten sollte: „Groß", „Riesig" und „Oh, mein Gott". Das habe ich aber nicht überprüft.

Das Konkurrenzdenken unter Männern ist gewaltig – und Männer-Freundschaften durchbrechen dieses krankhafte Getue. Ganz schlicht und unkompliziert. Auf einmal finden sich zwei oder mehr Herren zusammen und erkennen, dass es ihnen unfassbar viel Freude bereitet, füreinander da zu sein. Oder wie es der amerikanische Philosoph Ralph Waldo Emerson einmal formulierte: „Gesegnet ist das Haus, das einen Freund beherbergt."

Dabei fällt es vielen Männern gar nicht so leicht zu erklären, ob und mit wem sie befreundet sind. Also: so richtig. Frauen sagen in so einem Fall sofort: „Ich habe drei beste Freundinnen." Das ist zwar mathematischer Unsinn – aber immerhin eine klare Aussage. Wir Männer dagegen drucksen gerne mal ein bisschen rum, wenn es darum geht, Freundschaften zu definieren. Insofern lohnt es sich auch bei diesem Thema ab und an mal ein Resümee zu ziehen und einen Moment nachzudenken: Welche Männer würde ich wirklich als meine Freunde bezeichnen? Bin ich eigentlich selbst ein guter Freund? Und für wen? Mit wem weiß ich mich stark verbunden? Mit wem teile ich gerne mein Leben? Nach wem sehne ich mich? Oder um es weniger dramatisch auszudrücken: Wen vermisse ich, wenn ich ihn lange nicht sehe? Wer bereichert mein Leben allein dadurch, dass es ihn gibt? Und: Wem gönne ich sein Glück, auch wenn er etwas Großartiges hat, was ich nicht habe?

Das sind ziemlich knackige Fragen – und über jede einzelne könnte man einen ganzen Abend mit guten Freunden angeregt diskutieren. Wäre sicher eine tolle Zeit. Ich möchte hier aber vor allem die Grundlagen von Freundschaft mit Dir betrachten. Und da hole ich mir zu Beginn am liebsten wieder mal eine Anregung aus der Bibel (Ich nehme an, Dir ist aufgefallen, dass ich das des Öfteren mache).

Im Neuen Testament findet man ein erstaunliches Phänomen, das Glaubende aller Zeiten stark irritiert hat: Jesus wendet sich dort nämlich mehrfach gegen die Überbewertung traditioneller Beziehungen. So sagt er an einer Stelle sehr deutlich: „Meine Familie, das sind nicht meine Blutsverwandten, sondern diejenigen, die mir gleich gesinnt sind." Das war vor 2000 Jahren, in einer ganz auf den Clan ausgerichteten Gesellschaft ein gesellschaftlicher Skandal – und lässt fromme Gemüter bis heute zusammenzucken.

Doch die Botschaft der Bibel ist in ihrer Radikalität sehr eindeutig: Die wirklich tragenden Beziehungen eines Mannes sind die zu seinen „Freunden", zu den Gesinnungsgenossen. Darum ist es auch kein Zufall, dass Jesus seine Jünger mehrfach als „Freunde" bezeichnet. Jesus gibt den Freunden unmissverständlich den Vorrang vor der Verwandtschaft. Das bedeutet nun nicht, dass Du nicht auch den Kontakt zu Deiner Großfamilie pflegen darfst – aber es wirft ein erhellendes Licht auf die Frage, welche Kontakte im Leben eines Menschen wie zu bewerten sind.

Während wir uns die Familie nicht aussuchen können und (seien wir mal offen) manche Familienfeier auch eher aus „Pflichtgefühl" als mit tiefster Leidenschaft besuchen, entstehen Freundschaften als frei gewähltes Miteinander. Hier „finden" sich Menschen, die zusammengehören *wollen.* Und diese gleich gesinnten Freunde nennt Jesus die wahre Familie. Die *Willensgemeinschaft.*

Wenn Du überlegst, wer Deine wahre „Familie" ist, also der Kreis, in den Du Dich eingebunden fühlst, dann wirst Du vermutlich ebenfalls feststellen, dass das meist die Menschen sind, mit denen Du Dich geistig verbunden fühlst. Nicht unbedingt diejenigen, mit denen Du qua Biologie verkettet wurdest. Dennoch muss das natürlich kein Gegensatz sein. Man kann auch mit nahen und fernen Verwandten sehr gut befreundet sein. Aber es macht schon stutzig, dass Jesus der Kraft der Gesinnungsgemeinschaft so einen hohen Stellenwert einräumt. Und es ermuntert, die eigenen Freundschaften mal wieder neu in den Blick zu nehmen. Denn: Die Welt verändert man nur mit Leuten, mit denen man an einem Strang ziehen möchte und kann.

Nebenbei: Männer-Freundschaften sind für Familiensysteme aus verschiedenen Gründen auch sehr befreiend. Weil sie zum Beispiel die oftmals geradezu neurotisch übertriebene emotionale Abhängigkeit vieler Männer von der eigenen Frau oder Freundin mindern. Ja, viele Kerle denken sich doch: „Ich hab ja Mausi!" Und dann soll Mausi alles abfedern, was ihren Pantoffelhelden belastet, beglückt, verärgert, beleidigt, aufregt oder fasziniert. Die arme Frau, bzw. die Millionen armen Frauen in Deutschland! Vor allem, weil all die Mausis mit ihren Mackern ja unter einer Decke stecken, also beide Teil eines Systems sind. Nur hat sich „Mausebär" so daran gewöhnt, alles mit seinem Weibchen zu bekakeln und bei ihr rundweg jeden Mist abzuladen, dass er gar nicht mehr merkt, wie unfassbar gut es ihm täte, die Dinge mal mit jemandem von außen anzugucken. Ganz besonders dann, wenn gerade in der Beziehung zu Mausi was nicht stimmt.

Hinzu kommt noch: Männer können mit Männern einfach bestimmte Interessensgebiete abdecken, die ansonsten brachliegen würden, Wesenszüge, die nun mal mit dem anderen Geschlecht nicht so leicht auszuleben sind: Was weiß ich ... endlich mal in Ruhe einen dieser schlichten, aber geilen Faust-in-Fresse-Filme im Kino angucken, stundenlang im Dämmerlicht am Billardtisch rumhängen, Erinnerungen an die prickelnde Zeit beim Bund austauschen, Wettrülpsen veranstalten oder mit dem Motorrad über kurvige Landstraßen heizen und sich den Wind um die Nase wehen lassen. Das macht einfach deutlich mehr Spaß, wenn nicht andauernd jemand von hinten kräht:

„Bitte fahr ein bisschen langsamer. Das muss doch nicht so schnell sein." Ahh ...

Abgesehen von solchen äußerlichen Spezifikationen gibt es – zum Glück – auch noch ein paar existenziellere Aspekte von Freundschaft. Und wenn wir klären wollen, welche unserer Zeitgenossen unsere Freunde sind, dann sollten wir diese Werte ernst nehmen:

1. Treue

Ein Freund ist jemand, auf den Du Dich verlassen kannst. Einer, dessen Zuneigung sich auch darin ausdrückt, dass er zu Dir hält, wenn es brenzlig wird. Ganz gleich, ob ihr euch wöchentlich oder nur einmal im Jahr seht: seine Solidarität, seine Loyalität und seine Integrität sind über jeden Zweifel erhaben.

2. Vertrauen

Ein Freund ist jemand, dem Du Dich anvertraust, weil Du weißt, dass er das Beste für Dich will. Er schätzt Dich als Mensch, so wie Du bist und sagt grundsätzlich „Ja" zu Dir. Deine Geheimnisse sind bei ihm in sicheren Händen und sein Rat wird immer Dein Interesse im Blick haben.

3. Verbundenheit

Ein Freund ist jemand, mit dem Du eine ganz eigene Form des Miteinanders aufbaust. Ihr versteht Euch oftmals ohne Worte und erlebt auch nach längeren Pausen sofort wieder eine Nähe, die man gar nicht in Worte fassen kann, die man aber auch nicht in Worte fassen muss. Sie fühlt sich einfach unsagbar gut an.

4. Ähnlichkeit

Ein Freund ist jemand, der Dir vom Wesen her ähnlich ist. Selbst wenn ihr in manchen Eigenschaften völlig konträr seid, habt ihr ähnliche Lebensvorstellungen und die gleiche Wellenlänge. Ihr interessiert Euch für ähnliche Fragestellungen und freut Euch, wenn der andere die gleichen Fragen kennt.

5. Ehrlichkeit

Ein Freund ist jemand, der mit Dir offen und ehrlich umgeht – auch wenn es darum geht, Kritik zu üben oder mal seine Meinung zu sagen. Er weist Dich auf Deine Schwächen hin und ist auch bereit, mit Dir an ihnen zu arbeiten. Er beschönigt nicht, sondern hat ein erkennbares Interesse daran, dass Dein Leben gelingt.

Dass diese fünf Qualitätsmerkmale Dein Dasein in jeder Form und in jeder Beziehung bereichern, ist sofort offensichtlich. Doch in Freundschaften tun sie es oft am lebendigsten. Darum solltest Du Deinen Freundschaften immer mit Hochachtung begegnen.

Das Erstaunliche ist, dass die meisten Männer zwar einige Freundschaften aus der Schul- und Studien-, bzw. Ausbildungszeit haben, sich aber sehr schwer damit tun, neue Freundschaften aufzubauen. Dazu gibt es leider auch kein Geheimrezept, aber es lohnt sich trotzdem zu überlegen, wie man so etwas angeht.

Meist beginnt man am besten damit, die eigenen Vorlieben bewusst wahrzunehmen. Denn dort, wo ich mich gerne aufhalte und wo meine Interessen vertreten werden, finde ich auch am ehesten Gleichgesinnte. Ob ich dazu in einen Verein eintrete, an einem Symposium teilnehme oder mich an einem Stammtisch umschaue, hängt dann immer davon ab, was ich selbst für ein Typ bin.

Wenn Du neue Freunde suchst, dann werde ruhig aktiv. Such Kontakte – und wenn du jemanden kennenlernst, der Dir auf den ersten Blick sympathisch und seelenverwandt erscheint, frag ihn doch einfach, ob er mal mit Dir ein Bier trinken gehen will. „Nein“ kann er immer noch sagen, und meist wirst Du erstaunt feststellen, dass eine solche Kontaktaufnahme keinesfalls so unangenehm ist, wie man bisweilen denkt. Es stimmt nämlich äußerst traurig, dass manche Männer ab 30 auf einmal keine neuen Freunde mehr kennenlernen, nur weil sie so in ihre Pflichten eingebunden sind – und weil sie es ja kaum noch schaffen, die alten Freundschaften zu pflegen. Was aber oftmals auch nachvollziehbar ist, weil eben viele der Jungs von früher inzwischen weit weg wohnen oder ihrerseits in einem völlig neuen sozialen Umfeld wohnen.

Dennoch gilt bei alten wie bei neuen Freunden gleichermaßen: Freundschaften wollen gepflegt sein. Und auch, wenn wir Männer meist nicht so großartige Telefonierer sind wie unsere Gattinnen, kann ein freundschaftlicher Anruf oder eine nette Karte die Beziehung frisch und am Leben halten. Dennoch sollten wir nie vergessen: Freundschaften leben auf Dauer von gemeinsamen Erfahrungen, davon, dass man das Leben miteinander teilt. Es ist zwar schön, wenn man bei seinen halbjährlichen Treffen jedes Mal ein holdes, vertrautes Gefühl der Verbundenheit empfindet – echte Freundschaft schöpft aber trotzdem aus einem gemeinsamen Erfahrungsschatz, den man immer wieder zusammen heben kann. Eine Schatztruhe an Miteinander, die für den Wert der Beziehung steht. Und diese Truhe muss eben ab und an mit neuen „Werten" gefüllt werden, weil es sonst fade wird, immer nur in den „alten Erinnerungen" zu schwelgen.

Wirklich relevant werden Freundschaften, wenn Du mit Deinem Freund einen Zusammenhalt entwickelst, in dem Ihr Euch gegenseitig fördert und fordert – in dem Ihr nicht nur zwei Lebenswelten ab und an zusammenbringt, sondern in dem Ihr Euch gegenseitig zugesteht, Einfluss auf den jeweils anderen zu nehmen. Wenn Du Dir sogar wünschst, dass der andere Dir ein qualifiziertes Feedback zu Deinem Leben gibt. Weil es nicht nur hilfreich ist, für Gelungenes von einem Freund gelobt zu werden, sondern weil es Dich auch voranbringt, wenn Du mit jemandem überlegst, warum Dinge schiefgegangen sind oder was an Deinem Charakter immer noch unausgegoren ist. Warum tappst Du immer wieder in die gleichen Fettnäpfchen? Warum bist Du in manchen Lebensbereichen so unzufrieden? Wie kannst Du Deine Sehnsüchte noch besser und offenherziger leben? Ein Mensch, der diese Fragen mit einem Freund besprechen kann, ist ein reicher Mensch. Bist Du so reich?

Ich kann natürlich meinen Brief nicht schließen, ohne noch kurz einen Blick auf das heikle, benachbarte Thema „Freundschaften zwischen Männern und Frauen" zu werfen. Heikel sind solche Beziehungen deshalb, weil bekanntermaßen so manche gute „Freundschaft" überraschend doch in Liebe umgeschlagen ist – und dass ein „sehr persönliches und intimes Zwiegespräch" gelegentlich auch mal sehr persönlich im Bett landet, hat wohl auch jeder schon mal erlebt. Also: nur vom Hörensagen.

Zugleich ist es für Männer ein Segen, wenn sie mit Frauen befreundet sein können – schon deshalb, weil sie dann möglicherweise mit einer Person über die femininen Sperenzien der Gattin reden können, die deren Verhalten schon als Geschlechtsgenossin versteht. Ein Mann, der mit verschiedenen Frauen befreundet ist, wird insgesamt die Eigenarten von Frauen besser nachvollziehen können, er wird feststellen, wie groß die Bandbreite weiblicher Ausdrucksmöglichkeiten ist und er wird auch fröhlich erkennen, warum er sich damals für die eine entschieden hat. Dennoch sollte dabei immer die Frage im Raum stehen, ob es beiden Parteien in einer solchen Freundschaft gelingt, die sexuelle und die amouröse Komponente völlig außen vor zu lassen.

Dass Jesus die Beziehung zwischen sich und seinen Gefährten als Freundschaft bezeichnet – wie ich am Anfang dieses Briefs gesagt habe – finde ich auch deshalb faszinierend, weil es deutlich macht, dass es sogar im Glauben letztlich darum geht, dass Gott und Mensch Freunde werden. Ja, als Jesus so markant sagt: „Das ist mein Gebot, das ihr euch untereinander liebt, wie ich euch liebe", da erläutert er dieses Gebot direkt mit einem Beziehungsbild: „Niemand hat größere Liebe als die, dass er sein Leben für seine Freunde lässt. Ihr seid meine Freunde, wenn ihr tut, was ich euch sage." Bei dieser Aufforderung „Tut, was ich euch sage", das fügt Jesus direkt an, geht es nicht um ein Verhältnis von Herr zu Knecht – im Sinne von: „Los mach, was ich will!" Nein, es geht um die Macht der Freundschaft. Jesus hat wie ein Freund seine Jünger an seinen Herzensanliegen teilhaben lassen und ihnen gezeigt, wie ihr eigenes Leben durch die Beziehung zu Gott reifen und aufblühen kann. Jetzt lädt er sie ein, als Freunde diese Botschaft zu beherzigen und auszuprobieren. Eine eindrückliche Einladung.

Brief an den Kulturfreak

Hallo, kreativer Gestalter!

Jetzt haben wir uns schon einige wirklich typische Männerrollen angeschaut – und ich nehme an, dass Du jedes Mal ziemlich schnell entdeckt hast, was dieses Lebensprofil mit Dir zu tun hat. Klar: Jeder Mann kennt die Sorgen und Freuden beim Sex, in der Ehe, beim Sport oder am Arbeitsplatz. Und wenn es um die Gestaltung des Vater-Seins geht, kann auch jeder Papa sofort sagen: „Das betrifft mich." Bei dem Thema, das ich jetzt anschauen möchte, könnte das anders sein. Es geht mir nämlich diesmal um die Rolle des Mannes als Kulturfreak.

„Häh?", denkst Du jetzt vielleicht. „Was ist denn damit gemeint?" Nun, um es ganz direkt zu sagen: Ich denke, dass es im Dasein eines jeden Mannes so etwas wie eine schöngeistige Ebene geben sollte. Eine kulturelle Dimension. Die Beschäftigung mit Kunst, ästhetischen Phänomenen, gesellschaftlichen Bewegungen, mit globalen Entwicklungen, mit geistiger Dynamik und dem Zeitgeist. Kurz gefragt: Was weißt Du über kulturelle Deutungsmuster, Lifestyle, zivilisatorische Prozesse, Umweltgestaltung und Bildung?

Wenn Du ein echter Mann bist, dann denkst Du jetzt immer noch „Häh?" Oder vielleicht versuchst Du Dich mit dem klassischen Rechtfertigungsmuster aus der Schlinge zu ziehen: „Ei, ich geh doch zweimal im Jahr ins Kino. Und ich hab auch schon mal ein Buch gelesen. Oder gehört. Und ich tausche mich beim wöchentlichen Kegeln auch jedes Mal intensiv über die Politik der Regierung aus. Ach ja: Und mit den Kindern fahre ich mindestens einmal im Jahr in einen großen Freizeitpark: ‚Europa-Park', ‚Phantasialand' oder ‚Warner Brothers Movie World'. Das ist doch Kultur pur."

Stimmt, das hat auch mit Kultur zu tun. Und die meisten Männer schaffen es in der Hektik des Alltags ja noch nicht mal kleine Vergnügungen wie einen Kabarettbesuch, einen aktuellen Blockbuster oder einen Tanzabend im Monatsplan unterzubringen. Und schon das wäre ein wichtiger erster Schritt: Sich ab und an genügend Zeit zu nehmen, um einfach mal in einem kulturell interessierten Umfeld die leeren Batterien wieder aufzuladen. Und zwar nicht nur mit Entspannung, Wellness, Glotzen und „Füße hochlegen", sondern mit echtem kreativen Input und evtl. mit einem gewissen Anspruch. Denn das brauchen wir als Männer. Oder um es einmal für die Technikfans zu formulieren: Was ist eigentlich Dein „Aufladegerät"? Was machst Du, wenn Dein Akku leer ist?

Ich will dabei das „Relaxen" an sich gar nicht infrage stellen, bin aber der festen Überzeugung, dass es beim „Wieder-fit-Werden" um mehr geht als um Energiereserven. Um viel mehr. Denn egal, ob Du kreativ arbeitest, Konzepte erstellst oder anderweitig gestalterisch tätig bist (und das sind wir irgendwie alle): Du brauchst nicht nur

Kraft, Du musst auch und vor allem Deinen Vorrat an Ideen, Bildern, Geschichten, Perspektiven und Gedanken regelmäßig wieder auffüllen. Ja, Du brauchst immer wieder inspirierende Anregungen und Impulse, um die Speicher neu zu füllen – am besten einen ganzen Pool an Ideen und Möglichkeiten, den Du dann zur Verfügung hast, wenn es darum geht, eigene Projekte zu entwickeln und Herausforderungen kreativ anzugehen.

Martin Luther jedenfalls war der Meinung, dass ein Mann mindestens genauso viel ‚auftanken' sollte, wie er produziert. Weil er nur dann wirklich gut sein kann. Oder anders gesagt: Nur wer viel bekommt, kann auch viel geben. In der Bibel gibt es dazu das schöne Bild: „Womit das Herz gefüllt ist, dessen quillt der Mund über." Oder um es weniger pathetisch zu sagen: Wenn Dein Herz leer ist, dann werden auch Deine Worte leer sein. Wenn aber Dein Herz voll ist mit klugen Geschichten, Träumen, Begeisterung und Vielfalt, dann wirst Du auch kluge Sätze und Ideen von Dir geben.

Wie Du Deinen „Vorratsspeicher" am besten füllst, kann ich Dir weder empfehlen noch vorschreiben. Dazu sind die Gemüter viel zu verschieden. Der eine liest gerne Romane, der andere Sachbücher, ein dritter schaut Filme, ein vierter Dokumentationen, ein fünfter geht in die Oper und ein sechster besucht vielleicht leidenschaftlich gerne Vorträge interessanter Referenten oder nimmt regelmäßig an Fortbildungen teil. Das eine kann so gut sein wie das andere, solange es dafür sorgt, dass Du fortwährend neue, ungeahnte Dimensionen des Daseins kennenlernst.

Dabei lohnt es sich immer auch, mal über den Tellerrand hinauszuschauen und nicht nur in den ewig gleichen „Teichen zu fischen". Natürlich ist es für einen Verkäufer empfehlenswert, sich in Seminaren über die Konkurrenz, neueste Sales-Strategien, Kundenprofile, psychologische Komponenten im Verkaufsgespräch und die aktuelle Produktpalette seiner Branche zu informieren – es könnte aber sein, dass ihm ein Besuch von „Macbeth", von einem Naturkundemuseum oder von einer Ausstellung über „Karl den Großen" verblüffend andere Erkenntnisse über den Menschen liefert, die für seine Persönlichkeitsbildung noch deutlich prägender sind. Also: Überlege Dir bitte, was Du tun kannst, um Dir kontinuierlich Denkanstöße zu holen, die Dich motivieren, die Welt mal wieder mit anderen Augen zu sehen. Aus einem neuen, überraschenden Blickwinkel. Und wenn Du ein ewiger „Theaterabonnent" bist, ist ja eventuell mal Zeit, auf Workshops umzuschwenken.

Entscheidend bei all diesen kulturellen Aktivitäten ist die „Horizonterweiterung". Warum? Weil wir alle – egal, ob Mann oder Frau – dazu neigen, uns immer mehr auf uns selbst und auf unseren engsten Kreis zu fixieren. Verständlicherweise: Schon die Herausforderungen im gewöhnlichen Alltag sind in der Regel so unglaublich nervenaufreibend, so kräfteraubend und so zeitintensiv, dass wir normalerweise froh sind, wenn wir die halbwegs anständig koordinieren können.

Aber genau darin liegt bei vielen Männern der Denkfehler: Sie sind ernsthaft der Meinung, dass die „Konzentration auf das Kerngeschäft" auch im Privatleben ein

Allheilmittel sei. Was aber nicht stimmt. Denn wenn ich immer nur um die gleichen Themen kreise, verliere ich allmählich den Überblick über die Gesamtsituation, bekomme schrecklich große „Scheuklappen“, wiederhole mich in meinen Vorgehensweisen, zementiere meine Meinungen und habe vor allem keine Quelle mehr für innovative Lösungsansätze oder gar für neue Kraft. Sprich: Ein enger Horizont lässt auch meine Bewältigungsstrategien schwach und wirkungslos werden.

Das mag seltsam klingen, aber die meisten Probleme in der Ehe oder in der Familie haben in irgendeiner Weise mit Reduzierungen zu tun, beispielsweise damit, dass ich den anderen nur noch als denjenigen sehe, der meine Wünsche nicht erfüllt oder der sich in einem bestimmten Bereich – nach meinem Dafürhalten – schlecht benimmt. Gerade Männer neigen dazu, Menschen und Situationen ganz schnell auf ein bestimmtes „Problem“ zu reduzieren – und plötzlich betrachten wir unser Gegenüber nur noch als Eigenschaft; als „stinkende Socke, die überall herumliegt“, als „falsch ausgedrückte Zahnpasta-Tube“, als „schlechte Note in Latein“, als „doofen Konkurrenten“, als „Laub-in-meine-Einfahrt-Puster“ oder als „Nicht-den-Dachboden-Aufräumer“. Im Arzt-Deutsch heißt so etwas dann: „Ich geh mal zur Niere auf Zimmer 23“. Nur, beim Onkel Doktor mag es in Ordnung sein, dass er sich ganz auf meine Schwäche konzentriert, bei jedem anderen aber würde ich mir das sofort verbitten.

Reduzierungen erweisen sich immer als fatal. Leider. Ganz gleich, ob dabei Personen, Konflikte, politische Meinungen oder Lebensträume im Mittelpunkt stehen. Wer ein Thema nicht mehr aus verschiedenen Richtungen und aus unterschiedlichen Perspektiven betrachten kann, der wird auf Dauer engstirnig, kleingeistig und absolutistisch. Ja, so jemand lässt keine Meinung mehr neben seiner eigenen gelten und agiert immer selbstgerechter – und leider auch immer schlichter, um das Wort „primitiver" zu vermeiden.

Verstehst Du jetzt, warum ich einen weiten Horizont als so wichtig erachte? Ich möchte sogar noch einen Schritt weitergehen: Erst wenn ein Mann grundsätzlich erkannt hat, dass er in ein größeres System eingebunden ist, dass er Teil seines Ortes, seines Landes, seines Kontinentes, ja, Teil der Welt, einer großen Gemeinschaft ist, wird er die ganze „Fülle des Lebens" von der Jesus so blumig gesprochen hat, erfahren.

Auch wenn wir selbstverständlich alle erst einmal mit den bodenständigen Problemen unserer Biografie zurechtkommen müssen, verpassen wir das Wesentliche, wenn wir uns nicht immer wieder vor Augen führen, dass wir ein kleines, aber unentbehrliches Rad in einem großen Getriebe sind. Wir sind Teil einer großen Geschichte. Je mehr wir erkennen und ausdrücken können, welche Bedeutung unser Dasein für die Welt hat, desto mehr werden wir es auch als sinnvoll und sinnstiftend erfahren. Wer sich sagen kann: „Ich bin wichtig für die Welt und ich habe Verantwortung in der Welt", dessen Existenz beschränkt sich eben nicht nur auf Alltagsbewältigung. So ein Mann weiß sich vernetzt und verstrickt in den großen „Organismus" des Lebens und der Schöpfung.

Ich weiß, dass das jetzt möglicherweise etwas hochtrabend klingt, aber frage Dich doch mal: Welche Rolle spielt es für die Welt, dass es Dich gibt? Macht es wirklich einen Unterschied, ob Du existierst oder nicht? Wie kannst Du dazu beitragen, dass diese Welt heller, heiler, friedvoller und freundlicher wird? Und: Welche „Spuren" möchtest Du hinterlassen? Ich verspreche Dir: Du wirst Dein Leben anders wahrnehmen, wenn Du Dich mit solchen Fragestellungen regelmäßig beschäftigst. Sie werden Dir Mut machen und Dir helfen, Dich zu verorten. In den verschiedenen konzentrischen Kreisen, in deren „Mitte" Du gelandet bist.

Insofern ist für mich ein „kultivierter Mann" nicht einer, der bestimmte Gentleman-Attitüden beherrscht oder einen neckischen Benimm-Kurs absolviert hat. Ein „kultivierter Mann" ist einer, der eine Kultur des globalen Bewusstseins und der Verantwortung entwickelt, weil er sich nicht nur um sich selbst dreht, sondern die Chancen und Risiken seines Handelns wahrnimmt. Und es sind nun mal zwei ganz unterschiedliche Herangehensweisen ans Leben, ob ich nur frage: „Was tut mir gut?" oder ob ich frage „Was bedeutet mein Leben für andere?"

Verantwortlich handeln wird aber nur ein Mann, der sich über die großen Zusammenhänge informiert. Darum kann ich Dich nur ermutigen: Lies regelmäßig Zeitung, schau täglich Nachrichten, gehe den Dingen mit Hingabe und Freude auf den Grund, sei neugierig auf Unbekanntes und nimm wahr, was um Dich herum und in der Welt so alles geschieht.

In diesem Zusammenhang bekommt auch das Interesse an kulturellen Aktivitäten eine besondere Bedeutung. Ja, denn für mich gehört zu einem weiten Horizont immer auch die Leidenschaft, etwa mit Romanen oder Theaterstücken in die Haut anderer Personen und Figuren zu schlüpfen. Übertragen heißt das: Du musst nicht zehn Leben leben, um eine möglichst breit gefächerte Wahrnehmung zu bekommen, und Du musst auch nicht „zwei Wochen in den Mokassins des anderen laufen", wie die Indianer vorschlagen, aber Du musst das Interesse haben, die Welt mit den Augen anderer Leute zu sehen. Und für manchen Mann ist das Lesen einer mitreißenden Geschichte nichts anderes als die literarische Version eines „Zweitlebens". Sie jubeln und bangen mit den Heldinnen und Helden und entwickeln somit nach und nach ein Gefühl für die verschiedenen Arten von Menschen, an das Dasein heranzugehen.

Und viele, die sich auf die eine oder andere Weise bemühen, die Vielfalt der Lebensentwürfe und Weltanschauungen zu erkennen, fangen irgendwann auch an, sich aktiv zu engagieren. Manchmal einfach dadurch, dass sie begreifen, dass jedes individuelle Handeln überindividuelle Folgen hat. Kurz gesagt: Wenn ich viel Auto fahre, schadet das der Umwelt. Wenn ich viel Fleisch esse, zerstöre ich damit die Regenwälder am Amazonas, weil die für den Futtermaisanbau gerodet werden. Wenn ich Shrimps genieße, die in der Nordsee gefangen, in Portugal gepult und in München verkauft werden, dann trage ich zu einer ganz ungünstigen Ökobilanz bei. Wenn ich zum Discounter fahre, dann nehme ich in Kauf, dass die Produkte dort von Leuten produziert wurden, die teilweise unter menschenunwürdigen Bedingungen arbeiten. Wenn ich einen Feuerwerksböller aus China abschieße, dann wurde der höchstwahrscheinlich von Kindern hergestellt, deren Gesundheit dabei aufs Spiel gesetzt wird. Wenn ich eine verlockende Geldanleihe mit 9 Prozent Zinsen erwerbe, dann bedeutet das, dass irgendjemand auf der Welt seinerseits mehr als 9 Prozent Zinsen dafür zahlen muss.

Du weißt, dass ich diese Liste wahrscheinlich endlos weiterführen könnte. Ein wahres Panoptikum gruseliger Auswirkungen unseres westlichen Lebensstandards. Aber ich möchte Dir in diesem Brief garantiert keine Vorhaltungen machen. Das kannst Du mir glauben. Schon deshalb, weil ein schlechtes Gewissen selten weiterhilft. Nein, mir geht es – wie gesagt – darum, dass Du eine „Kultur der Verbindung" entwickelst, durch die Du über Dich hinauswachsen kannst.

Außerdem muss man ehrlicherweise eingestehen: Wir werden ja inzwischen bei so vielem, was wir tun, schuldig, dass wir eigentlich gar nicht mehr anders können. Aber wir sollten wenigstens nicht so tun, als hätte unser Tun keine Konsequenzen. Denn wer die Folgen seines Handelns ignoriert, der reduziert sich selbst.

Und vielleicht fangen wir ja eines Tages doch noch an, zu erkennen, dass wir, wenn wir in einem „Stau durch hohes Fahrzeugaufkommen" stehen, nicht nur unter dem Stau leiden, sondern ihn mit verursacht haben. Dass wir keineswegs nur Opfer von Klimaerwärmung, sozialer

Ungleichheit, europäischer Finanzkrise oder einer wachsenden Entsolidarisierung der Bevölkerung sind, sondern auch deren Verursacher. Denn mal ehrlich: Wenn uns der Bankberater sagt „Es gibt eine Anlage mit 2 Prozent Verzinsung und eine mit 4 Prozent Zinsen" – dann fragen wir doch nicht nach, woran wir hier verdienen, wir wollen einfach nur Rendite sehen.

Obwohl: Zum Glück gibt es ja immer mehr Menschen, die sich ihrer Verantwortung so bewusst sind, dass sie tatsächlich anders zu leben versuchen. Sie versuchen es erst einmal nur in ganz kleinen Schritten: Einmal mehr mit der Bahn statt mit dem Auto in den Urlaub. Nicht immer das preisgünstigste, sondern das fairste und ökologischste Produkt. Und stell Dir mal vor, es gelänge einer Gemeinschaft von Verantwortungsbewussten doch, mal die Lebensmittelindustrie dazu zu bringen, dass tatsächlich auf jedem Produkt so etwas wie ein „Ökologischer Fußabdruck" erscheint, mit dessen Hilfe ich erkennen kann, welcher Käse aus meiner Region stammt und welcher einmal um die halbe Welt geflogen wurde. Und wenn all die Leute, die jetzt Bio-Produkte kaufen, weil sie sich selbst etwas Gutes tun wollen, demnächst auch noch „Fairtrade"-Produkte kaufen, weil sie anderen etwas Gutes tun wollen, könnte schon einiges in Bewegung kommen. Und dann wird es einen großen Unterschied machen, ob Du dabei bist oder nicht.

Vor einiger Zeit erzählte mir ein Freund, dass er für jedes eigene Kind, das er und seine Frau bekommen haben, auch noch die Patenschaft für ein Kind in der Dritten

Welt übernommen hat. Er sagte: „Uns geht es so gut. Und wir sind so froh über unsere Kinder. Da wollten wir gerne, dass unser Glück auch anderen hilft, glücklich zu werden." Dieser Mann hat – nach meinem Gefühl – etwas von der Bedeutung globaler Verantwortung verstanden. Inzwischen engagiert er sich sogar in einem Hilfsprojekt, das in Afrika Schulen, Kindergärten und Krankenhäuser baut, damit dort den Kindern ein echtes Lebensfundament gegeben werden kann.

Noch mal: Dass alles beschreibe ich nicht, damit Du Dich irgendwie schuldig fühlst, sondern weil ich weiß, dass ein Mann, der sich – in welcher Weise auch immer – als Teil einer Gemeinschaft wahrnimmt und vor Ort oder über Distanzen hinweg Verantwortung für andere Menschen wahrnimmt, ein ganzheitlicheres und stimmigeres Leben führt. Dessen Grundeinstellung ist positiv und produktiv (wenn er nicht zum Fanatismus neigt). Ich weiß nicht, wie es Dir dabei geht: Aber immer, wenn ich solche engagierten Männer kennenlerne, dann habe ich den Eindruck: Das sind weise und glückliche Menschen.

Brief an den Glaubenden

Hallo, frommer Sucher!

Diesmal stelle ich Dir die berühmte „Gretchenfrage". Du erinnerst Dich, oder? In Goethes Drama „Faust" stellt die junge Margarethe (kurz: Gretchen) ihrem Liebhaber, dem etwas überdrehten und reichlich vorwitzigen Wissenschaftler Dr. Faust, die grundlegende Frage: „Nun sag: Wie hältst Du's mit der Religion?" Oder anders ausgedrückt: Woran glaubst Du? Was ist Dir wichtig? Was trägt Dich durch Dein Leben?

Ich kann auch versuchen, es noch präziser zu fassen: Woher nimmst Du eigentlich die Antworten auf die schon erwähnten Fragen, die man – wenn man den klügsten Geistesgrößen der vergangenen Epochen vertrauen kann – für sich geklärt haben sollte: „Wo komme ich her?", „Wo gehe ich hin?" und „Warum bin ich überhaupt da?" Voilà, kurzer Zwischentest: Was würdest Du sagen?

Hinter diesen würzigen Problemstellungen verbergen sich drei Grundaspekte unserer Existenz: 1. Gibt es einen schöpferischen und planenden Willen im Universum? Oder: Sind wir alle nur Zufallsprodukte? 2. Ist mit dem Ende unseres irdischen Leibes alles vorbei? Oder kommt da noch etwas? Und 3. Hat mein Dasein irgendeinen Sinn? Oder: Ist es eigentlich egal, was ich tue oder lasse?

Seit Jahrtausenden versuchen Menschen, auf diese Fragen Antworten zu finden, sich im wahrsten Sinne des Wortes wieder „anzubinden" an die größeren Weltzusammenhänge. Darum kommt das Wort „Religion" ja auch vom lateinischen Verb „religere", „sich zurückbinden". Und erstaunlicherweise sind ja nur ganz wenige Menschen auf der Erde wirklich ohne Glauben. Die absolute Mehrheit ist der Überzeugung, dass es da etwas gibt – eine Macht, einen Gott oder mehrere Götter – die Einfluss auf unser Leben haben. Nun könnte man natürlich einfach sagen: „Na, die Menschen ertragen es eben nicht, bedeutungslose Krümel im Universum zu sein, die hier ihre Zeit mit Fressen und Vermehren verbringen und dann spurlos wieder verschwinden. Darum reden die sich irgendeinen frommen Kram ein."

Aber erstens sind erstaunlich viele Leute überzeugt davon, dass man mit dem Himmel tatsächlich in Kontakt treten kann – und zweitens zeigen zahllose Untersuchungen, dass Glaubende in der Regel anders an die Herausforderungen des Daseins herangehen als Atheisten. Nämlich getrösteter, entspannter und befreiter. Dazu kommt: Gläubige Menschen leben länger, werden schneller gesund, sind konfliktresistenter und lassen sich von Schicksalsschlägen nicht so leicht aus der Bahn werfen.

Ja, es lässt sich sogar nachweisen, dass Nationen und Kulturen immer dann am „gesündesten" waren, wenn ihre Glaubenskultur intensiv gepflegt wurde und die Menschen sich in der Religion beheimatet fühlten. Das bedeutet zugleich: Sobald ein Volk die höheren Dimensionen des Daseins, die übergeordneten Werte, aus dem Blick verliert, erlebt es im Normalfall einen langsamen, aber stetigen Niedergang.

Insofern muss man festhalten: Selbst wenn es sich beim Glauben um eine gigantische Massenpsychose handeln sollte, dann wäre es immerhin eine, die ihre „Kranken“ nachweislich glücklicher und lebensfähiger macht. Reichlich abgefahren, oder? Aber auch nicht besonders erstaunlich. Schließlich wird sich ein Mensch, der voller Inbrunst glauben kann, dass das Universum an ihm Interesse hat und dass es für sein Hiersein auf Erden einen guten Grund gibt, auf jeden Fall mit deutlich mehr Hingabe in die Welt hineingeben als ein Orientierungsloser.

Nun, ich kann und möchte in diesem Brief weder einen Gottesbeweis erbringen, noch Dich bekehren. Mich interessiert etwas ganz anderes, nämlich: Welche spezifischen Probleme haben Männer mit dem Glauben und wie gehst Du am besten damit um? Und dass ich diese Aspekte als Christ betrachte, lässt sich nun mal nicht ändern. Finde ich auch keineswegs tragisch. Also, schauen wir mal!

Das erste große Dilemma männlicher Spiritualität besteht darin, dass wir Männer so gerne Macher sind – oder, wie es neudeutsch heißt: Macker. Beweger und Anpacker. Wir wollen alles selbst hinbekommen und organisieren. Wir wollen selbstbestimmt unsere Entscheidungen treffen und Probleme pragmatisch und schnell lösen. Wir wollen den widrigsten Herausforderungen gewachsen sein und uns an ihnen mannhaft beweisen. Kurz gesagt: Eigentlich wären wir selbst gerne Gott!

Ich meine das überhaupt nicht sarkastisch, glaube aber, dass Du als echter Mann immer so etwas wie heimliche Konkurrenz gegenüber Gott empfindest: „Was will denn der? Ich brauche doch niemanden! Ich bekomme das selbst hin." Ja, viele Männer empfinden ein äußerst merkwürdiges Unbehagen, wenn ihnen jemand sagt, dass sie Gott oder eine helfende Hand nötig haben. „Was? Wir? Ich? Auf gar keinen Fall." Das wäre ja so etwas wie ein Eingeständnis von Schwäche oder Unvermögen. „Willst du etwa andeuten, ich schaffe das nicht allein?"

Viele Männer tun sich unfassbar schwer damit, abhängig zu sein. Das widerstrebt ihnen. Ich weiß nicht, wie es Dir geht, aber es wäre doch erstaunlich, wenn Du nicht auch die Probleme lieber selbst löst, anstatt dir von irgendwem helfen zu lassen. Sprich: Auch wenn wir einerseits gerne Antworten auf die großen Lebensfragen hätten, geht es uns unfassbar gegen den Strich, das als Bittsteller und Hilfsbedürftige tun zu müssen. Sätze wie „Wer unter euch groß sein will, der diene" (Jesus) finden wir total „abturnend". Das klingt ja so, als sollten wir uns selbst als Warmbadetag-Junkies, Männersauna-Besucher und Sockenlutscher outen. Wir wollen nicht nur dienen, wir wollen das Leben „beherrschen".

Tatsächlich lautet die Botschaft des Neuen Testaments aber: Kein Mensch kann sich aus eigener Kraft Heil verschaffen. Ja, Du kannst als Mann erfolgreich, mächtig, reich und weise werden – aber das Heil der Seele, das wirst Du auch mit den teuersten Ausbildungen, den besten Beziehungen und mit perfekten Werkzeugen niemals alleine hinbekommen.

Dass Du von ganzem Herzen „Ja“ zu Dir und zu dieser Welt sagen kannst, das ist ein Geschenk und kein Verdienst. Und irgendwie wirst Du – wenn es nur nach Dir geht – die Frage „Ist mein Leben so, wie es gedacht war?“ nie eindeutig klären können. Ich meine: Wie will man sich so etwas denn selbst beantworten? Nein, dazu braucht es eine höhere Instanz, deren Urteil wir uns anvertrauen.

Der Kirchenvater Augustinus, einer der gelehrtesten Köpfe der Antike, hat diesen Prozess einmal so ausgedrückt: „Unruhig ist unser Herz, bis es bei Dir, Gott, Ruhe findet.“ Wirklich inneren Frieden bekommt man nur im Glauben. Das behauptet zumindest Augustinus. Und um das herauszufinden, hat der Theologe, Rhetoriker und Philosoph vorher wirklich viel ausprobiert. Er wagte lauter verzweifelte Ansätze, Zufriedenheit zu finden: von langen Studien über ausschweifende Vergnügungen und die Mitgliedschaft in einer Sekte bis zur exzessiven Wissenschaft. Ja, wie Dr. Faust hatte Augustinus alles versucht, um endlich Frieden für seine Seele zu bekommen – und war immer wieder gescheitert, bis er eines Tages an den Punkt kam, an dem ihm klar wurde: „Der Gott, der mir sagt, dass ich gewollt bin, den gibt es doch.“ Und fortan fühlte er sich durch und durch angenommen.

Nebenbei: Daraus erwuchs auch eine ganz unkomplizierte und zugleich entspannte Ethik. Augustinus sagt nämlich: „Liebe und tu, was du willst“. Anders ausgedrückt: Eigentlich brauchen wir überhaupt keine Gebote, Regeln oder moralische Raster. Wenn wir nur genug lieben. Weil jemand, der voller Liebe fragt, ob das, was er tut, für die anderen Menschen und für ihn selbst förderlich ist, auch keinem Menschen willentlich schaden wird. Warum sollte er auch? Ein Mann, der sich selbst angenommen weiß und im anderen ein Geschöpf der gleichen Liebe sieht, hat doch überhaupt keinen Grund, jemanden zu verletzen. Aggression gegenüber anderen drückst Du nur aus, wenn Du den Eindruck hast, selbst zu kurz zu kommen. Fühlst Du Dich aber in der Liebe Gottes geborgen, beschenkt und aufgehoben, dann verlieren die üblichen Muster der Begierde ihre Macht über Dich.

„Liebe und tu, was du willst." Ich halte das für einen der klügsten Sätze der Weltgeschichte. Und Eingeweihte wissen natürlich, dass auch die Liebe immer ein Geschenk ist, also nichts, das man einfach mal so erzeugen könnte. „Ich will jetzt lieben!" oder „Los, liebe mich!": Das klappt nicht. Insofern sollten wir Männer uns vielleicht einfach doch mal zugestehen, dass nicht alles in unseren Händen liegt. Zumindest nicht die wesentlichen Dinge.

Ein zweites Handicap für glaubende Männer ist die Tatsache, dass wir – zwar nicht alle, aber doch die meisten von uns – das Dasein eher rational angehen. Wir profilieren uns gerne als kluge Denker und Verstandesmenschen – und lassen uns dementsprechend auch von Sätzen wie „Ich glaube nur, was ich sehe" verführen. Logische Erklärungen, intellektuelle Zugänge und klare Zuordnungen sind uns lieber als „glauben". Einfach etwas annehmen, sich auf einen transzendenten Gott einlassen, den man weder sehen noch beweisen kann: Das ist nichts für echte Helden.

Das ist – um es mal deutlich zu sagen – emotionaler Weiberkram. Gefühlsduselei. Kurz und knapp: Handfeste Fakten, Daten und Beweise sind uns handfesten Kerlen dann doch deutlich näher.

Nur bedeutet das Wort, das wir heute mit „Glauben“ übersetzen, ursprünglich „Vertrauen“. Beim Glauben geht es überhaupt nicht ums Verstehen. Auch nicht ums Erklären, Herleiten oder Beweisen. Wer ernsthaft glaubt, er könne den Schöpfer des Universums mit dem Verstand fassen, der hat den Wesensunterschied zwischen Gott und Mensch noch gar nicht begriffen. (Beziehungsweise: Was für ein Gott wäre das, den man in Formeln umfassend beschreiben könnte? Jedenfalls keiner, an den ich glauben möchte. Du?)

Die Bibel jedenfalls weist von der ersten bis zur letzten Seite darauf hin, dass Gott mit überirdischer Leidenschaft Kontakt zu den Menschen sucht, dass dieses Bestreben aber immer wieder daran scheitert, dass die Menschen das Göttliche einfach nicht er- und begreifen können. Sie haben dafür weder den geistigen Horizont noch die richtigen Sinnesorgane. Männer wollen Gott so gerne mit ihren Möglichkeiten fassen. Aber das gelingt nun mal nicht.

Darum wird Gott ja in Jesus Christus selbst zu einem Menschen – damit er endlich auf Augenhöhe mit uns Männern ist und uns in einer sinnlichen Form begegnet, die wir nachvollziehen können. Und weil das noch nicht reicht, sind die Geschichten und Gleichnisse Jesu geradezu durchdrungen von der Botschaft: „Gott will dir Heil schenken. Du brauchst es nur anzunehmen. Verdienen geht nicht. Vertraue einfach und erlebe, wie Du innerlich gesund wirst."

Natürlich bedeutet Vertrauen immer auch, sich an etwas auszuliefern. Ja, Vertrauen ist ein Überlassen, ein die Zügel aus der Hand geben, ein Überwinden des reinen Intellektes. Weil Du Dich nur dann mit ganzer Seele darauf einlassen kannst, dass jemand ein ernsthaftes Interesse an Deinem Wohlergehen hat. Vertrauen ist nicht erklärbar, es muss gewagt werden. Dabei gilt: Nur wer es ausprobiert, wird erleben, ob es funktioniert.

Eine dritte Hürde für uns Männer ist beim Glauben die Tatsache, dass wir meist sehr merkwürdige Gottesbilder haben. Wir reden vom „Vater im Himmel", auch wenn die Erfahrungen mit unseren eigenen Vätern nicht immer beglückend waren. Wir brauchen keinen „König auf dem Thron", weil wir uns nicht als Untertanen fühlen wollen. Und mit einem Gekreuzigten, also einem nach menschlichen Maßstäben gescheiterten Zimmermann können wir uns auch nicht identifizieren.

Das bedeutet, dass uns die klassisch-männlichen Gottesbilder zwar dazu verleiten, bestimmte überholte Männerrollen „nachzubeten", dass sie uns aber keine menschen- oder gar männerfreundlichen Zugänge zum Glauben verschaffen. Was das angeht, kann ich Dich nur ermutigen, einfach mal die Mehrheit der überlieferten Vorstellungen über Bord zu werfen und einen Neuanfang zu wagen.

Wenn es stimmt, dass Gott an einer Beziehung zu den Menschen interessiert ist, dann möchte er auch alles abbauen und zur Seite fegen, was zwischen euch stehen könnte. Deshalb sagt die Bibel ja in den 10 Geboten recht schroff: „Macht euch kein Bild von Gott." Weil jedes festgefahrene Bild, das wir voneinander haben (das kennst Du auch aus zwischenmenschlichen Beziehungen) eine lebendige Gemeinschaft zwischen zwei Personen ungemein erschwert. Wenn ich andauernd denke: „So ist der andere halt", dann werde ich ihm nie nahekommen. Also weg mit allen störenden Bildern.

Und dann überlege im Gegenzug mal, wie Du mit Gott wohl am leichtesten kommunizieren könntest. Nicht, um Dir eine private „Ikone" zu schaffen, sondern um den Dialog zwischen Dir und Gott in einer Weise ablaufen zu lassen, die Dir liegt. Ein solcher notwendiger „Reinigungsprozess" unserer Zugänge zu Gott betrifft nicht nur die störenden „Vorstellungen", die einem lebendigen Glauben so oft im Weg stehen, sondern auch die Art und Weise des Austauschs. Ich jedenfalls glaube, dass wir mit Gott ziemlich oft sehr einseitig reden. Wie schade. Wir sollten eigentlich an jedem Tag die gesamte Bandbreite unseres Lebens ausstrecken. Deshalb gehören in unsere Kontaktaufnahme neben Bitten und Wünschen auch Klagen und Jammern, Flehen und Zweifeln, Hoffen und Weinen, Jubeln und Toben. Probier es aus! Sag Gott mal so richtig die Meinung. Du wirst überrascht sein, was das mit Dir macht.

Eine kurze Randbemerkung noch: Weil wir Männer viele Themen ganz rational angehen, ist bei uns die Hürde vom Reden bis zum Tun oftmals sehr hoch. Dass wir alles besser wissen, bedeutet nämlich nicht, dass wir auch selbst mit anpacken wollten.

Gerade der Glaube lebt aber davon, dass Du das Reden über Gott nicht mit einer echten Beziehung zu Gott verwechselst. Und eine echte Beziehung bedeutet nun mal, dass man aufeinander zugeht und es wagt, sich dem anderen aktiv zu öffnen. Jesus selbst hat seine ersten Jünger mit einem herrlichen Satz eingeladen: „Komm und sieh!" Zu Deutsch: Ob es sich lohnt zu glauben, das kann man nicht erklären, das muss man am eigenen Leib erfahren. Hier geht es in erster Linie um ein experimentelles Wagnis. Um den Mut, Erfahrungen zu machen. Also, bitte schön! Werde aktiv!

Welche Bedeutung der Glaube für uns Männer hat, wurde mir vor Kurzem noch mal deutlich, als ich auf eine kluge, kleine Geschichte gestoßen bin. Ich erzähle die alte Legende hier in meinen Worten nach:

Eines Tages erscheinen drei Männer gleichzeitig vor dem Himmelstor. Der Blick in den Himmel hinein ist wunderschön, aber davor ist ein kleines Mäuerchen – und auf dem Mäuerchen sitzt ein Engel.

„Was wollt ihr", ruft der geflügelte Wächter und schaut die drei neugierig an.

„Nun", sagt der erste Mann. „Also ich, ich möchte gerne hinein. Ist doch klar, oder?"

Der Engel fragt ihn nach seinem Namen, geht durch eine Tür mit der Aufschrift „Archiv" – und kommt nach kurzer Zeit mit einer Schatzkiste wieder. Es stimmt also:

Im Jenseits existiert tatsächlich für jeden Menschen eine Kiste, in der seine irdischen Taten als „Schätze im Himmel“ gesammelt werden.

Aufgeregt öffnet der Mann die Kiste mit seinem Namen. Und tatsächlich, sie ist voller Gold und Schmuck. Ein wundervoller Anblick. Zufrieden nickt der Besitzer seinen beiden Begleitern zu, nimmt einen kleinen Anlauf, will über das Mäuerchen springen – und knallt dagegen. Patsch! Entsetzt rappelt er sich wieder auf und blickt den Engel verwundert an.

Da aber hat schon der zweite Mann seinen Namen genannt – woraufhin der Himmelsbote wieder verschwindet und ihm ebenfalls nach einem kurzen Moment die passende „Schatzkiste“ bringt.

Gespannt richten sich drei Augenpaare auf das Innere. Und siehe da: Noch mehr Gold, noch mehr Schmuck, noch mehr Wertgegenstände. Stolz hebt der zweite Mann den Kopf, will elegant über das Mäuerchen hechten – und schafft es ebenfalls nicht. Badong!

Ängstlich murmelt da der dritte Mann seinen Namen. Und als die ihm gehörige „Schatzkiste“ vor ihn gestellt und geöffnet wird, schreien alle drei auf. Denn sie ist voller ekliger Dinge: Unrat, Schutt und Schleim, ein ganzer widerwärtiger Haufen aus Dreck, Müll und abstoßendem Gerümpel.

Angewidert wenden sich die beiden ersten Männer ab. Doch der dritte Mann springt – selbst ganz verdutzt – mit einem entspannten Hopser über das Mäuerchen und verschwindet strahlend im Himmel.

Erbost stellen die Gescheiterten den Engel zur Rede: „Ey, was soll denn das? Wieso kommt dieser Typ mit seiner Kiste voller Schmodder in den Himmel und wir nicht?"

„Ganz einfach", sagt der Engel. „Dieser Mann hat während seiner Erdenzeit alles, was sein Leben schwer und schmutzig gemacht hat, vor Gott gebracht. Alles, was ihn belasten und niederdrücken wollte, konnte er Gott anvertrauen und bei ihm abladen. Darum ist er ganz leicht und unbeschwert über das kleine Hindernis gesprungen."

So einen Glauben wünsche ich Dir: einen, der Dein Leben leicht macht. Der Dir hilft, Dich als einen von Gott leidenschaftlich geliebten und mit einer Aufgabe betrauten Mann zu sehen. Einen Glauben, in dem Du sagen kannst: „Ich werde meine Lasten los" und „Mein Herz hat Ruhe gefunden."

Brief an den Autofahrer

Hallo, rasanter „König der Straße"!

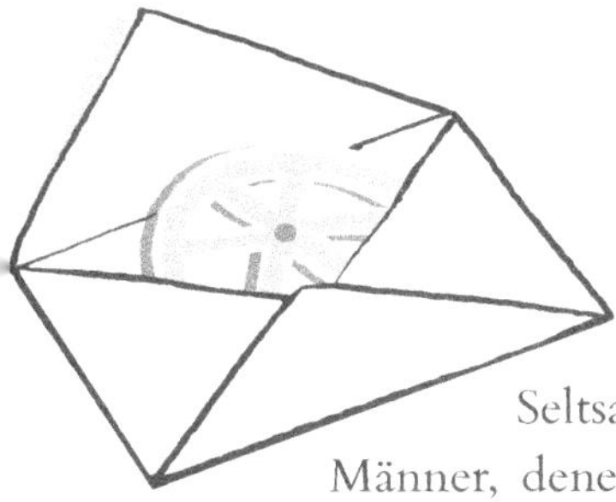

Seltsamerweise haben mich mehrere Männer, denen ich von diesem Buch-Projekt erzählt habe, mit leicht schräg geneigtem Kopf angeschaut und dann Sätze wie diesen von sich gegeben (meist ein wenig gepresst und mit tiefer Stimme): „Also, pass mal auf. Du musst auf jeden Fall den ‚Mann als Autofahrer' mit aufnehmen, sonst fehlt etwas Maßgebliches."

Und wenn ich dann nachgehakt habe, warum ihnen denn gerade das Autofahren so wichtig sei, dann wurden die Augen glasig, ein wohliger Seufzer entschlüpfte meinen Gegenübern und mit tiefer Inbrunst in den Worten begann ein schier endloses Schwärmen: „Hey, nur im Auto ist ein Mann noch ein echter Mann." „Da fühlt er sich dem Leben und sich selbst ganz nah." „Da blüht der Mann auf. Innerlich und äußerlich." „Da darf er endlich mal die Sau rauslassen und mit ganzem Herzen Gas geben." „‚L'automobile c'est moi', wie schon die französischen Herrscher stolz sagten." Aha, so ist das.

Nun weiß ich natürlich nicht, ob Du Dich im Auto ähnlich mächtig fühlst, wie die erwähnten, kaum repräsentativen Typen und ob für Dich das Gaspedal auch so eine Art sexuelles Glücksgefühl auslöst oder ob die teuren

Metallkisten für Dich einfach ein bequemes Fortbewegungsmittel sind. Aber weil eben nicht nur einer dieser „Straßenkreuzer" (und damit meine ich die Männer) nachdrücklich darauf insistiert hat, dass das Thema ausführlich behandelt werden müsse, will ich uns doch zum Ausklang eine kurze, philosophische Betrachtung des automobilen Mannes gönnen.

Und vielleicht ist da ja auch was dran. Also am Auto als therapeutischem „Ort der Glückseligkeit". Wagen wir doch mal, das zu denken. Und wir dürfen dabei eines nicht vergessen: Anlass für meine Briefe war die mehr als schmerzhafte Beobachtung, dass wir Männer im Zuge der sich veränderten Lebensprofile zunehmend den Überblick über die zahlreichen Rollen verlieren, die wir auszufüllen haben - und die wir auch ausfüllen möchten. Wie kann man sowohl ein wunderbarer Vater als auch ein guter Sohn sein – ein treusorgender Ehemann und ein feuriger Verführer – ein durchtrainierter Sportler und ein kulturell interessierter und engagierter Verantwortungsträger?

Nun: Das Kernproblem war und bleibt dabei, dass man sich als monotasking-fähiger Mann von den zahlreichen gleichzeitig auf einen hereinstürzenden Anforderungen bisweilen völlig überrollt fühlt. Oder eigentlich immer. Die Vielfalt der Rollen führt uns brutalstmöglich an unsere Grenzen. Aber eben nicht immer ...

Denn, im Auto ist das anders. O ja, ganz anders. Im Auto, da bestimmst Du, wohin die Rollen rollen. Da bist Du der absolutistische Monarch. Der allmächtige Alleinherrscher. Der Mann, der die Zügel in der Hand hält. Der

Schicksalslenker, in dem sich wie in alten Zeiten Legislative, Judikative und Exekutive vereinen. Eben der einzigartige, unübertroffene ‚King of the road'.

Mag Deine Klapperkiste auch noch so alt und rostig sein – sie ist ein überschaubares und mächtiges Königreich, ein mobiler Thron, auf dem Du – und nur Du – am Steuer sitzt. Ja, Du allein sagst, wo es langgeht. Du bestimmst die Politik und den Kurs. Du führst eisenhart Krieg gegen die anderen „Königreiche", die Dir die Straße streitig machen. Und nur Du kennst den Weg. Mag da draußen auch noch so der Bär toben, in Deiner metallenen Burg kann Dir keiner. Im Auto werden wir wieder echte „Wege-Lagerer" aus Leidenschaft.

Wahrscheinlich kommt daher auch der Begriff „autonom". Natürlich: Im Wagen bist du das „Gesetz" (altgriech. nomos = Gesetz). Ich sage mal so: An dieser Theorie könnte doch wirklich etwas dran sein. Oder? „Das Auto als Refugium männlicher Hegemonie." Das klingt doch fast schon nach einer Doktorarbeit. In Soziologie oder Andrologie. Summa cum laude. Bravo. Na, warum denn nicht?

Nun gilt ja in der Naturwissenschaft: Eine Theorie muss sorgfältig geprüft werden und wenn sie sich dann rechnerisch und im Experiment als schlüssig erweist, dann gilt sie als bewiesen. Schauen wir uns doch in diesem Sinne einfach mal die Realität an und checken wir kurz, ob sich das Theorem des „Auto-nomen Alleinherrschers" bewahrheitet.

Wenn es denn stimmt, dass der Mann das Auto als letztes Refugium uneingeschränkter Machtausübung und Herrschaftssymbolik ansieht, dann erklärt sich als Erstes, warum er nie nach dem Weg fragt. Hallo! Ein König und nach dem Weg fragen? Wo kommen wir denn da hin? Ein unfehlbarer Diktator fragt nicht, der befiehlt nur. Und vor allem braucht er niemanden, der mit spitzem Zeigefinger und Schmollmund auf zerfledderte Landkarten deutet und irgendwas von „Abbiegen" murmelt. Poah!

Darum wird ja auch ein Souverän niemals zugeben, dass er sich verfahren hat. O nein. Wenn ein Mann tatsächlich einmal nicht da rauskommt, wo er hinwollte, dann gibt es dafür immer Gründe, die nicht bei ihm zu suchen sind. Was weiß ich: Die Straßen wurden heimlich verlegt. Die Landkarte ist falsch gedruckt. Die Schilder sind nicht richtig installiert. Oder das Navi ist kaputt bzw. bösartig. Ja, das liest man doch überall, dass brutale Navis arglose Helden am Steuer hinterhältigerweise in die Irre oder in den Sumpf führen, um sich für die Jahrtausende der Tyrannei zu rächen. Kein Wunder, dass die meisten Navis mit leicht nörgelnden Frauenstimmen funktionieren. Das hat System – und wurde wahrscheinlich von „Emma" oder dem WEV, dem „Weltemanzenverband", gesponsert.

Wichtig ist bei alledem: Den Fahrer trifft keine Schuld. Niemals. Nie und nimmer. Auf keinen Fall. Das müssten auch die grässlichen, nur aus Praktikabilitätsgründen und deshalb auch mitgenommen aussehenden Frauen endlich mal kapieren. Männer fahren nicht falsch. Das geht überhaupt nicht. Wenn, dann ist die Welt falsch – aber der Mann trotzdem noch auf der richtigen Route. (Es kann natürlich auch sein, dass einige potente Kerle einfach den

Satz so gerne hören: „Ihre Rute wird neu berechnet.") Jede Form der Kritik an einem „Zaren der Landstraße" ist zugleich eine Majestätsbeleidigung. Verstanden?

Wenn es denn stimmt, dass der Mann das Auto braucht, um wenigstens an einem Platz der „Kaiser" zu sein, dann wird auch verständlich, warum er jeden politischen Gegner auf dem Asphalt bekämpfen muss. Ja, wer einem Gebieter die Vorfahrt nimmt, der hat doch nicht nur eine Verkehrsregel missachtet oder sich kühn einen Vorteil verschafft – nein, der hat ein Kapitalverbrechen begangen, denn er hat die Macht des „Asphalt-Regenten" infrage gestellt. Das war quasi ein kleiner Staatsstreich. Ein Putsch-Versuch am Mittelstreifen. Ein Negieren aller guten Ordnungen.

Dadurch verstehen wir auch, warum der fahrende Fürst auf solche Angriffe direkt mit deutlichen Signalen reagiert: Dem aufmüpfigen Revoluzzer muss ein für alle Mal klargemacht werden, dass er die Rangordnung schwer verletzt hat. Dass er sich mit der Obrigkeit angelegt hat. Übertragen heißt das: Bestraft wird nicht ein kleiner Fahrfehler oder eine etwas zu gemütliche Fahrweise, die den Verkehr aufhält, o nein, bestraft wird der geplante Sturz des Monarchen. Hier geht es nicht um zwei Menschen, sondern um das Prinzip. Hier müssen Recht und Ordnung wiederhergestellt werden.

Und weil sich jemand, der es wagt, einen Hegemon anzugreifen, direkt als Dummkopf outet, darf und wird er auch als solcher bestraft werden. Es ist deshalb nur angemessen, wenn die Strafpredigt in derber, gossenhafter und pöbelnder Form (begleitet durch mehr als eindeutige

Gesten) geschieht. Das weist – nebenbei bemerkt – auch nicht auf ein Stil-Problem hin, weil ein Herrscher in seinem Reich ja ganz allein bestimmen kann, ob Motzen oder Fluchen en vogue ist oder nicht.

Wenn es denn stimmt, dass der Mann sein Auto letztlich als letzten souveränen Staat in Europa betrachtet, dann wird auch nachvollziehbar, warum dieses mobile „Königreich" für den Straßenkampf und die Sicherung seiner Selbstständigkeit angemessen aufgerüstet werden muss. Ein Auto mit 50 PS, das wirkt ja in etwa so wie ein stolzer Soldat mit einem Schweizer Taschenmesser. Für die, die es nicht wissen: Ein Schweizer Taschenmesser gilt in soldatischen Kreisen nicht als echte Waffe. Und letztlich ist die Ausstattung eines Wagens so etwas wie seine Bewaffnung.

Angemessen wäre es deshalb, die Abkürzung „PS", die ja bekanntermaßen für „Pferdestärken" steht, eher mit „Potenz-Stärke" zu übersetzen. Hier zeigt der Mann nicht nur, was er unter der Motorhaube hat, sondern übertragen auch, was er gerne in der Hose hätte (oder ausgleichen muss). Deshalb ist es auch völlig unwürdig, mit einem echten Mann über Benzinverbrauch oder Umweltschutz zu reden. Der Thron muss verteidigt werden. „Es geht hier um die Ehre – und Du faselst was von Sprit sparen. Da draußen ist Krieg, Mann!"

Weil es beim Autofahren letztlich um eine postmoderne, martialische Form der Waffentechnik geht, spielt für viele Männer auch die Frage nach der Beschleunigung so eine tragende Rolle. Und die nach der Spitzengeschwindigkeit. Natürlich ist es nach logischen Gesichtspunkten völlig wurscht, ob Du Deinen „Hoheitlichen Verteidigungspanzer“ in 5 oder in 15 Sekunden auf Hundert bringst, und es interessiert auch keinen, ob Du auf den völlig verstopften deutschen Autobahnen 170 oder 280 Stundenkilometer nicht fahren kannst. Aber aus Sicht eines Verteidigungsministers geht es dabei um staatstragende Werte. Und wie wir alle wissen: Durch Aufrüstung wurde ja schon so mancher Krieg verhindert. Waffen helfen auch und gerade, wenn man sie nicht einsetzt.

Wenn es denn stimmt, dass der Mann das Auto eher als Hoheitsgebiet, denn als Fahrzeug betrachtet, dann lässt sich auch leichter verstehen, warum dieser Minimalstaat besonders repräsentativ sein muss. Schon immer haben Despoten versucht, die sie umgebenden Staaten mit Prunkbauten, üppigen Militärparaden und öffentlichkeitswirksamen Prestigeobjekten zu beeindrucken. Und genau das wird heute bei unseren Luxuslimousinen fortgeführt.

Der Mann steigt ja nicht einfach in ein Auto ein, nein, er betritt sein Reich. Und dieses Reich soll dann eben durch besonders markante Eigenschaften dem „Autokraten“ gerecht werden – angefangen bei Ledersitzen über Schiebedächer bis hin zu Musikanlagen, die ganze Stadien oder Stadtteile beschallen könnten. Deshalb ist für einen „Großmogul der Straße“ auch die Frage, warum er denn in der Metropole einen Jeep mit Allradtechnik oder ein SUV fährt, völlig unangebracht. Hier geht es nicht darum, was einer braucht, sondern darum, was er vorzeigen kann. Kapiert?

Auch wenn ein Kerl ansonsten sparsam und kostenbewusst lebt, darf er doch keinesfalls an dem einzigen Ort

Zurückhaltung üben, an dem es um sein „Reich" geht. Denn das hieße ja, dass er sich selbst klein macht. Oder von anderen komisch angesehen wird. Und das geschieht außerhalb des Autos ja schon oft genug. Das bedeutet: Nur der Wagen garantiert wahre Größe.

Mir scheint, dass die anfangs so waghalsig anmutende Hypothese vom „Imperator auf Rädern", vom „Auto-nomen Alleinherrscher", durch diese Untersuchung hinreichend untermauert wurde. Und das bedeutet: Ganz gleich, unter welchen Dissonanzen und Selbstfindungsstörungen ein Mann auch leidet: Sobald er im Auto sitzt, reduziert sich die undurchschaubare Komplexität seines Lebens auf zwei kleine Pedale – Gaspedal und Kupplung. (Ich weiß, dass es auch eine Bremse gibt, aber die benutzt ein echter Mann ja nicht.)

Ganz früher galt für den Neandertaler in der Savanne schlicht der Grundsatz „Speer werfen, Säbelzahntiger treffen", heute gilt für den Mann auf der Straße „Gang einlegen, Gas geben". Da beweist der Homo sapiens in seiner maskulinen Version doch eine faszinierende Kontinuität.

Natürlich kannst Du jetzt sagen: Ich möchte aber bei dieser mysteriösen „Kleinstaaterei" nicht mitmachen. Ich brauche keinen aufgemotzten Rückzugsort, um endlich mal ein uneingeschränkter Fahrzeug-„Führer" zu sein. Das klingt vielleicht edel, aber es setzt voraus, dass Du die tiefe männliche Sehnsucht nach Herrschaft entweder anderweitig auslebst – oder dass Du erkennst, dass Du sie einfach nicht nötig hast. Was aber nur gelingen kann, wenn Du Dich in Deinen übrigen Lebensfeldern so stark und sicher fühlst, dass Dein Mann-Sein dort schon genügend zum Tragen kommt.

Wenn dem so wäre, dann müsstest Du auch Deine Beifahrerin nicht anmaunzen, wenn sie Dich einmal freundlich darauf hinweist, dass Du möglicherweise einen Fehler gemacht hast. Und dann müsstest Du auch nicht immer Recht haben wollen. Denn jemand, der glaubt, er müsse immer Recht haben, zeigt damit ja nur, dass er irgendeine Selbstwertgeschichte noch nicht endgültig geklärt hat. Oder ist es wirklich so wichtig, immer Recht zu haben? Mir sagte übrigens mal ein sehr kluger Mensch: „Manchmal musst Du Dich einfach entscheiden: Willst Du Recht haben oder glücklich sein?"

Natürlich ist meine Betrachtung des Mannes als Autofahrer ein wenig überspitzt. Nein, nicht nur ein wenig. Aber manchmal helfen Übertreibungen ja, bestimmte Muster und Prozesse nachvollziehbarer zu machen, auch wenn sie in einer solchen extremen Form vielleicht nicht der Realität entsprechen. Obwohl: Ich kenne Autobesitzer, bei denen würde ich kein Wort zurücknehmen.

Und die Frage, ob wir mit unseren Fahrzeugen, unserem Fahrstil oder unserem Verhalten gegenüber „all den bescheuerten anderen Verkehrsteilnehmern" doch etwas kompensieren wollen, kannst Du ja mal in einer stillen Stunde für Dich alleine klären. Tatsache ist jedenfalls, dass eine Mehrheit der Deutschen – laut Umfragen – der Überzeugung ist, dass sie deutlich besser fährt als der

Durchschnitt. Das könnte man jetzt mathematisch mal so richtig schön vertiefen.

Und wenn es Dich das nächste Mal so richtig juckt, einem Straßen-Dödel die Meinung zu sagen, dann achte doch mal drauf, warum Du Dich dabei gut oder schlecht fühlst. Denn eventuell bekommst Du ja doch Lust, Dein Leben so einzurichten, dass das Abreagieren auf den verstopften Straßen seinen Reiz verliert. Nichtsdestotrotz (was für ein tolles Wort): Natürlich darf man als Mann das Autofahren auch genießen. Macht ja auch Spaß. Aber vielleicht macht es noch mehr Spaß, wenn es nicht noch dazu dienen muss, Charakterschwächen zu übertünchen.

In diesem Sinne: „Gib Gas, mein Freund!“

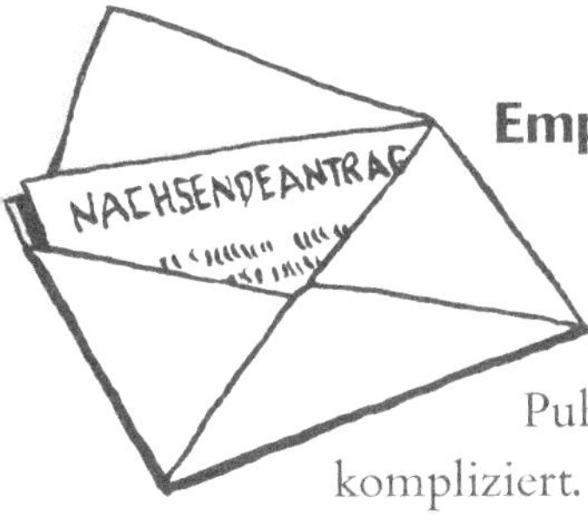

Empfänger glücklich verzogen

Hallo, lieber Leser!

Puh. Das mit dem Mann-Sein ist schon kompliziert. Finde ich jedenfalls. Irgendwie sind Männer nun mal anders. Und das nicht nur statistisch. Ja, Männer leben im Durchschnitt 7 Jahre weniger als Frauen und weisen auch sonst erstaunliche Abweichungen auf: In den Schulen sind drei Viertel aller Kinder mit Verhaltensstörungen Jungen. Männer scheitern wesentlich öfter in ihren Beziehungen – zumindest reichen Frauen doppelt so oft die Scheidung ein wie Männer, 95 Prozent der Gefängnisinsassen sind Männer. Und: Männer und Jungen begehen dreimal häufiger Selbstmord als Frauen. Also sage bitte niemals, es gäbe keine geschlechtsspezifischen Unterschiede.

Dafür bekommen Männer nicht ihre Regel (nebenbei: Die meisten Morde durch Frauen geschehen, während sie ihre Periode haben), sind nicht ganz so hormonabhängig, dürfen alleine aufs Klo gehen, müssen die Farbe Rosa nicht schön finden, haben nichts gegen eine gepflegte Unordnung und brauchen morgens auch nicht zwei Stunden im Bad. Was meiner Meinung nach schon genügend Gründe sind, um gerne Mann zu sein. In diesen Briefen wollte ich mit Dir unbedingt einige der wesentlichen Rollen, in denen Männer heute gefordert sind, so betrachten, dass Du Lust bekommst, Dich mit ihnen bewusster auseinanderzusetzen und sie so zu füllen, dass Du selbst damit zufrieden bist.

Dabei wirst Du selbstverständlich entdecken, dass Du innerhalb des Rollen-Gefüges, in dem Du als Mann lebst, Prioritäten setzen musst. Sprich: Du wirst nie in allen Rollen gleichzeitig perfekt sein. Das musst Du aber auch nicht. Solange Du Deine Entscheidungen durchdenkst, ist das überhaupt kein Problem.

Insofern soll Dich dieses Buch auch keineswegs unter Druck setzen. Ich möchte zumindest nicht, dass Du jetzt das Gefühl hast: „Ich muss noch mehr tun!" Bitte nicht! Wir alle haben schon so dermaßen gefüllte Terminkalender, dass wir unsere Verpflichtungen eher reduzieren als noch eine Schippe drauf legen sollten. Ich glaube aber, dass es uns Männern hilft, unsere Rollen zu durchschauen. Und dass es dann auch deutlich einfacher wird, sie so zu leben, dass wir dadurch nicht gestresst sind. Denn meist sind es doch die Dinge, die wir nicht im Griff haben, die uns am meisten belasten. Sprich: Klarheit bringt Entspannung. Dazu wollte ich ein wenig beitragen.

Nun bin ich Dir natürlich noch eine Antwort schuldig: „Was ist ein wahrer Mann?" Also ... ich werde hier ganz gewiss keine fertige Definition liefern. Das wäre anmaßend und würde auch der unglaublichen Bandbreite der männlichen Spezies in keiner Weise gerecht werden. So viel aber kann ich sagen: Ich bin der festen Überzeugung, dass derjenige ein wahrer Mann ist, der gerne und ohne darunter zu leiden, Mann ist. Einer, der sich seinen speziellen männlichen Herausforderungen stellt und sie mutig angeht – mit der heiteren Gelassenheit, in einzelnen Punkten auch mal zu scheitern.

So gesehen, wollte ich Dir mit diesen Briefen einige wichtige Puzzlesteine servieren, die Dir helfen können, Dein Männerbild fertigzustellen. Und wenn Du jetzt in einigen Aspekten etwas genauer weißt, wie Du an einer bestimmten Rolle arbeiten kannst, dann habe ich mein Ziel erreicht. Denn dann bist Du nicht mehr vom Urteil anderer abhängig, sondern kannst dir selbst fröhlich sagen: „Hey, Super, Mann!"

In der modernen Glücksforschung begegnet man bei der Untersuchung, was einen Menschen glücklich macht, übrigens immer öfter dem Begriff „Flow". „Flow" meint das Gefühl, dass die Dinge fließen, dass sie einfach „gut laufen", dass ich vom Sog des Lebens – im positiven Sinne – „mitgerissen" werde und ganz wohlig darin eintauchen kann.

Ein Buch wie dieses kann keinen „Flow" erzeugen, aber es kann dazu beitragen, im „Fluss des Mann-Seins" einige Felsbrocken so zu benennen, dass Du die Klippen zukünftig besser umschiffen kannst und das „Flow-Gefühl" weniger oft durchbrochen wird. Wenn Dir das gelingt, freue ich mich.

In diesem Sinne: „Sei ein Mann!"

Dank

Diese leicht verrückten Briefe an den „Super, Mann!" in uns gäbe es nicht ohne meinen wunderbaren Männergesprächskreis in Oberstedten. „Seid gegrüßt, ihr Helden." Bei den Rotwein-seligen Treffen unserer Kamin-Runde diskutieren wir regelmäßig leidenschaftlich über die Frage, was unser Mann-Sein eigentlich so kompliziert macht. Das war und ist derart anregend, dass wir den hemmungslosen Spott unserer Gemahlinnen gerne in Kauf nahmen und nehmen.

Mein Dank geht deshalb zuallererst an Dieter Berthold, Klaus Dittl, Hans-Georg Drape, Ralf Jakob, Friedhelm Kreft, Lutz Morawitz, Matthias Müller, Ralf Muth, Martijn Peereboom, Christoph Schlageter, Horst Spiesberger, Mario Strazza und Awraam Zapounidis. Sie alle haben zu diesem Buch beigetragen. „Toll, dass es euch gibt. Ihr zeigt mir immer wieder, dass wir auf unsere Männlichkeit zu Recht stolz sein können. Lasst die Mädels doch kichern."

Dass meine Frau Miriam unermüdlich verkündet, sie hätte sich das mit der Hochzeit möglicherweise noch mal überlegt, wenn sie alle Facetten meines männlichen Wesens gekannt hätte, stimmt mich natürlich nachdenklich – doch danke ich ihr umso mehr, dass sie mich geduldig und in großer Güte erträgt. Und wenn ich noch nicht in allen Rollen perfekt bin, dann ... ja, dann ... dann bin ich eben nicht in allen Rollen perfekt. „Liebe dich aber umso mehr."

Meine Kinder haben auf ihre Weise ebenfalls dazu beigetragen, dass ich die Bedeutung und die Bewertung meiner Männer-Rollen noch einmal ganz neu überdacht habe. Seit diese beiden Energie-Bündel bei uns hausen, sind ganz andere Dinge wichtig geworden – und ich bin ein Mann geworden, der auch mal höchst engagiert „Der kleine Hobbit" vorliest. Wow!

Nicht zuletzt danke ich all den Männern, die mir geholfen haben, meine eigene Identität zu finden. Und ich verneige mich vor dem „Tourismus-Verein Saiser Alm", der dieses Manuskript freundlicherweise für mich zum Verlag geschickt hat. Mitten in der Hochsaison. Das war allerdings eine Frau. Manchmal sind sie also doch sehr praktisch.